Yavaş Pişirme Yemek Tarifleri 2023

Yavaş Pişirme Tekniği ile Hazırlanan Lezzetli ve Rahat Yemekler

Aynur Taş

dizin

yumurta salatası 10

Büyükannenin çiğ çorbası 12

Peynirli baharatlı yumurta 14

Lezzetli yumurtalı muhallebi 16

Hint Usulü Yumurtalı Muffin 18

Biber ve yumurta ile "sandviç" 19

Peynirli, sucuklu ve sebzeli börek 21

Avokado, keçi peyniri ve yumurtalı kekler 23

Avokado Tekneleri – Terbiyeli ve Doldurulmuş 25

peynirli bira sosu 27

Sağlıklı kahvaltılık rulolar 29

Keto peynirli pizza 30

Habanero Biberli Yumurta 32

Hardal tohumu soslu yumurta salatası 34

Yumurta salatası kasesi 36

Kuşkonmaz ve peynir güveç 38

bayram kahvaltısı için yumurta 40

Peynir ve hardallı yeşil sos 41

Peynirli Karnabahar Sosu 42

En iyi ketojenik kahvaltı 44

Lezzetli keto sargıları.. 46

Sosis ve domates ile güveç.. 48

Biberiye ve yaban havucu ile dana güveç................. 49

Tavuk ve ıspanak ile İtalyan güveç........................... 50

Tavuk ve Bamya Güveç.. 51

Bezelye ve Hindi Güveç... 53

Türkiye ve Brüksel Lahanası Güveç.......................... 55

Kuzu ve biberli güveç.. 57

Tarçınlı Domuz Güveç... 58

Pestolu Domuz Güveci... 59

Sığır eti ve kuyruk güveç... 60

Kekik ve domates güveç.. 62

Acılı Dana Yahni... 63

Limonlu Kale ve Tavuk Güveç.................................. 64

Tarhun Dana Yahni... 65

Pastırma ve ıspanak güveç.. 65

Karides ve morina ile güveç...................................... 67

Yeşil Fasulye ve Tavuk Güveç................................... 68

Zerdeçal, Kinoa ve Tavuk Güveç.............................. 69

Öğle yemeği için hafif çorba..................................... 71

Kuzey Amerika sebze çorbası.................................... 73

bolonez çorbası.. 75

Jambon ve kuşkonmaz çorbası.................................. 77

Farklı bir düğün çorbası.. 79

Öküz kuyruğu çorbası 81

Taco ÇORBASI 83

Sebze çorbası 85

Hindistan cevizli domates çorbası 87

Kremalı tavuk çorbası 89

Jambon ve fasulye çorbası 91

Tavuk mantar çorbası 93

Tavuk Karalahana Çorbası 95

Sosis ve lahana ile İtalyan çorbası 97

kereviz ile nohut çorbası 99

Köfte peynir çorbası 101

istiridye çorbası 104

Sosis pastırma ve mantar çorbası 106

hindi ve daikon çorbası 108

Domuz eti ve sebze çorbası tarifi 110

tavuk çorbası tarifi 112

Kahverengi Sığır Çorbası Tarifi 114

Dana Biber Tarifi 116

Somon balık suyu tarifi 118

Fırında Domates Sosu Tarifi 120

Bitki bazlı tavuk tarifi 122

Kaju Sosu Tarifi 124

Tunuslu nohut çorbası tarifi 126

Marinara Sos tarifi 128

Tavuk Karalahana Tarifi 130

Tatlı karamel sosu tarifi 131

Sarımsak sosu için süper hızlı bir tarif 132

sos tarifi 133

tavuklu mantar çorbası tarifi 135

Deniz düğmesi stoğu tarifi 137

Domates ve yengeç tarifi 139

balık hamsi stok tarifi 141

Fesleğenli domates sosu tarifi 142

barbekü sosu tarifi 144

Mantar ve mısır bazlı tarif 146

Portakallı Ahududulu Sos 148

elma kızılcık sosu 149

Biberiye Kızılcık Elma Püresi 150

Elma ve çilek sosu 151

Kabak Elma Tarçın Sos 152

Tavuk kemiği çorbası 154

Türk stokunun kalıntıları 155

Bolonez Sosu 156

Baharatlı sığır çorbası 157

Tavuk Kekik Suyu 159

Baharatlı kuzu suyu 160

Klasik et çorbası 162

kereviz kuzu 163

Tereyağlı peynir sosu 164

Peynirli soğan sosu 166

Enchilada Sos 167

köri domates sosu 169

Et fesleğen sosu 171

Keçi peynirli domates sosu 173

Marinara sosu 175

soğan elma sosu 177

Makarna sosu 179

Yeşil acı sos 181

Mantar sosu 183

Sarımsaklı sos 185

Özel barbekü sosu 187

karpuz barbekü sosu 189

Bolonez pastırma sosu 191

kaju sosu 193

çilek sosu 195

Kızılcık sosu 197

kavrulmuş domates sosu 199

domates fesleğen sosu 201

patlıcan bolonez sosu 203

Pancar Domates Sosu 205

mercimek bolonez sosu 207

elma tarçın sosu 209

Baharatlı Hint sosu.. 211

Hazır Marinara Sosu... 213

Patates ve karides salatası 215

Enginar peyniri yayıldı.. 217

Vegan hindistan cevizli risotto pudingi 218

Vanilyalı Avokadolu Puding 219

yumurta salatası

Hazırlama süresi: 30 dakika

porsiyonlar 4

Porsiyon başına besin değerleri: 342 kalori; 29,2 gr yağ; 3.2 g toplam karbonhidrat; 12.7 gr protein; 1,6 gr şeker

Malzemeler

- 6 yumurta
- 1/2 pound yeşil fasulye, dilimlenmiş
- 1 bardak su
- 3 dilim dilimlenmiş prosciutto
- 1/2 su bardağı yeşil soğan, doğranmış
- 1 havuç, rendelenmiş
- 1/2 su bardağı mayonez
- 1 yemek kaşığı elma sirkesi
- 1 çay kaşığı sarı hardal
- 4 yemek kaşığı rendelenmiş gorgonzola peyniri

Talimatlar

1. Instant Pot'a su dökün; altına bir buharlı pişirici sepeti ekleyin. Yumurtaları buhar sepetine yerleştirin.
2. Kapağı sabitleyin. "Manuel" modu ve Yüksek basıncı seçin; 5 dakika pişirin. Pişirme bittiğinde, doğal bir basınç tahliyesi kullanın; kapağı dikkatlice çıkarın.

3. Yumurtaları 15 dakika soğumaya bırakın. Yumurtaları soyun ve dilimler halinde kesin.

4. Ardından yeşil fasulyeleri ve 1 su bardağı suyu Instant Pot'a ekleyin.

5. Kapağı sabitleyin. "Manuel" modu ve düşük basıncı seçin; 5 dakika pişirin. Pişirme tamamlandığında, hızlı bir basınç tahliyesi kullanın; kapağı dikkatlice çıkarın.

6. Yeşil fasulyeleri bir salata kasesine koyun. Prosciutto, yeşil soğan, havuç, mayonez, sirke ve hardalı ekleyin. Üzerine gorgonzola ve dilimlenmiş yumurta serpin. Eğlence!

Büyükannenin çiğ çorbası

Hazırlama süresi: 25 dakika

porsiyonlar 4

Porsiyon başına besin değerleri: 530 kalori; 37.6 gr yağ; 4.2 g toplam karbonhidrat; 43.1 gr protein; 1,9 gr şeker

Malzemeler

- 2 yemek kaşığı tereyağı, eritilmiş
- 1/2 su bardağı doğranmış pırasa
- 2 tavuk göğsü, ayıklanmış ve lokma büyüklüğünde parçalar halinde kesilmiş
- 1 havuç, doğranmış
- 1 kereviz sapı, doğranmış
- 1/2 çay kaşığı granül sarımsak
- 1 çay kaşığı fesleğen
- 1/2 çay kaşığı kekik
- 1/2 çay kaşığı dereotu
- 4 ½ su bardağı sebze suyu
- 3 ons ağır krema
- 3/4 su bardağı çedar peyniri, rendelenmiş

- 1 tepeleme yemek kaşığı taze maydanoz, kabaca doğranmış

1. Instant Pot'unuzu ısıtmak için "Sote" düğmesine basın. Şimdi tereyağını eritin ve pırasayı yumuşak ve kokulu hale gelene kadar pişirin.

2. Tavuk, havuç, kereviz, sarımsak, fesleğen, kekik, dereotu ve et suyu ekleyin.

3. Kapağı sabitleyin. "Manuel" modu ve Yüksek basıncı seçin; 17 dakika pişirin. Pişirme bittiğinde, doğal bir basınç tahliyesi kullanın; kapağı dikkatlice çıkarın.

4. Krema ve peyniri ekleyin, karıştırın ve bir kez daha Kaynatma düğmesine basın. Şimdi çorbayı birkaç dakika daha veya tamamen ısınana kadar pişirin.

5. Taze maydanozla süslenmiş ayrı kaselerde servis yapın. Afiyet olsun!

Peynirli baharatlı yumurta

Hazırlama süresi: 25 dakika

porsiyonlar 4

Porsiyon başına besin değerleri: 264 kalori; 21.1 gr yağ; 6 gr toplam karbonhidrat; 11.7 gr protein; 3,8 gr şeker

Malzemeler

- 6 yumurta
- 1 çay kaşığı kolza tohumu yağı
- 1 soğan, doğranmış
- 2 biber, süzülmüş ve dilimlenmiş
- Tatlandırmak için terbiyeli tuz ve taze çekilmiş karabiber
- 1/4 su bardağı mayonez
- 1 çay kaşığı hardal
- 1 yemek kaşığı taze limon suyu
- 4 yemek kaşığı Colby peyniri, rendelenmiş
- 1 çay kaşığı füme Macar kırmızı biber

Talimatlar

1. Instant Pot'a su dökün; altına bir buharlı pişirici sepeti ekleyin.
2. Varsa, yumurtaları bir buhar sepetine yerleştirin.

3. Kapağı sabitleyin. "Manuel" modu ve Yüksek basıncı seçin; 5 dakika pişirin. Pişirme bittiğinde, doğal bir basınç tahliyesi kullanın; kapağı dikkatlice çıkarın.

4. Yumurtaları 15 dakika soğumaya bırakın. Yumurtaları soyun ve beyazları sarılardan ayırın.

5. Instant Pot'unuzu ısıtmak için "Sote" düğmesine basın; yağı ısıt. Şimdi yumuşayana kadar soğanı biberle birlikte kızartın. Tuz ve karabiber serpin.

6. Ayrılmış yumurta sarısını biber karışımına ekleyin. Mayonez, hardal ve limon suyunu karıştırın. Şimdi yumurta aklarını bu karışımla doldurun.

7. Rendelenmiş Colby peyniri serpin ve haşlanmış yumurtaları servis tabağına alın. Daha sonra yumurtaların üzerine kırmızı biber serpip servis yapın.

Lezzetli yumurtalı muhallebi

Hazırlama süresi: 15 dakika

porsiyonlar 3

Porsiyon başına besin değerleri: 234 kalori; 16.8 gr yağ; 3,6 g toplam karbonhidrat; 16.4 gr protein; 1,8 gr şeker

Malzemeler

- 3 yumurta, iyice çırpılmış
- 1 su bardağı et suyu, tercihen ev yapımı
- Tatmak için Kosher tuzu ve beyaz biber
- 1 yemek kaşığı tamari sosu
- 1/2 yemek kaşığı istiridye sosu

- 1/2 bardak Comté peyniri, rendelenmiş

1. Çırpılmış yumurtaları bir karıştırma kabına alın. Et suyunu yavaş ve yavaş yavaş, sürekli karıştırarak dökün.

2. Tuz ve kağıtla tatlandırın. Daha sonra bu karışımı süzgeçten geçirin. Tamari sosu ve istiridye sosu ekleyin.

3. Karışımı üç ramekine dökün. Şimdi ramekinleri bir parça folyo ile örtün. Ramekinleri metal bir rafa yerleştirin.

4. Kapağı sabitleyin. "Manuel" modu ve düşük basıncı seçin; 7 dakika pişirin. Pişirme bittiğinde, doğal bir basınç tahliyesi kullanın; kapağı dikkatlice çıkarın.

5. Peynirle doldurun ve hemen servis yapın. Afiyet olsun!

Hint Usulü Yumurtalı Muffin

Hazırlama süresi: 10 dakika

porsiyonlar 5

Porsiyon başına besin değerleri: 202 kalori; 13,7 gr yağ; 4.7 g toplam karbonhidrat; 15.4 gr protein; 2,6 gr şeker

Malzemeler

- 5 yumurta
- Tatlandırmak için terbiyeli tuz ve öğütülmüş karabiber
- 2 yeşil biber, kıyılmış
- 5 yemek kaşığı beyaz peynir, ufalanmış
- 1/2 çay kaşığı chaat masala tozu

- 1 yemek kaşığı taze kişniş, ince kıyılmış

Talimatlar

1. Instant Pot'a 1 bardak su ve buhar sepetini ekleyerek başlayın.

2. Tüm malzemeleri birlikte karıştırın; daha sonra yumurta/peynir karışımını silikon muffin kaplarına kaşıkla koyun.

3. Ardından muffin kaplarını buhar sepetine bırakın.

4. Kapağı sabitleyin. "Manuel" modu ve Yüksek basıncı seçin; 7 dakika pişirin. Pişirme tamamlandığında, hızlı bir basınç tahliyesi kullanın; kapağı dikkatlice çıkarın.

5. Muffinlerinizi kaplardan çıkarmadan önce birkaç dakika bekletin; sıcak servis yapın. Afiyet olsun!

Biber ve yumurta ile "sandviç"

Hazırlama süresi: 10 dakika

porsiyonlar 2

Porsiyon başına besin değerleri: 320 kalori; 25,5 gr yağ; 5.1 g toplam karbonhidrat; 15.7 gr protein; 3.3 gr şeker

Malzemeler

- 2 çay kaşığı tereyağı
- 5 yumurta
- 4 yemek kaşığı çırpılmış krema
- Tatmak için terbiyeli tuz
- 1/3 çay kaşığı kırmızı biber, ezilmiş
- 2 biber
- 1/2 domates, dilimlenmiş
- 1/2 dilimlenmiş salatalık

1. Instant Pot'unuzu ısıtmak için "Sote" düğmesine basın. Şimdi tereyağını ısıtın.

2. Yumurta, krema, tuz ve kırmızı biberi iyice karıştırın. Yumurtalar katılaşana kadar tahta kaşıkla karıştırın.

3. Şimdi her biberin üstünü ve altını kesin; tohumları ve damarları çıkarın. Sonra her biberi ikiye bölün.

4. İki parçanın arasına çırpılmış yumurta, domates ve salatalığı yerleştirin. Servis yapın ve tadını çıkarın!

Peynirli, sucuklu ve sebzeli börek

Hazırlama süresi: 25 dakika

porsiyonlar 4

Porsiyon başına besin değerleri: 344 kalori; 27.4 gr yağ; 3 gr toplam karbonhidrat; 20.3 gr protein; 1,3 gr şeker

Malzemeler

- 8 dilim domuz sosisi, doğranmış
- 1 ½ bardak mantar, dilimlenmiş
- 1 diş sarımsak, kıyılmış
- 1 su bardağı lahana yaprağı, parçalara ayrılmış
- 7 yumurta
- 1/3 su bardağı süt
- 1 bardak Manchego peyniri, rendelenmiş

- Tatmak için deniz tuzu ve taze çekilmiş karabiber

Talimatlar

1. Instant Pot'u ısıtmak için "Sote" düğmesine basın. Şimdi artık pembe olmayana kadar sosisleri pişirin.

2. Sonra mantar ve sarımsak ekleyin; kokulu olana kadar pişirmeye devam edin; Instant Pot'u kapatın; lahana ekleyin ve 5 dakika bekletin.

3. Instant Pot'u nemli bir bezle silin. 1 su bardağı su ve metal bir ızgara ekleyin. Instant Pot'unuza uyan bir tava püskürtün.

4. Bir karıştırma kabında yumurta, süt, peynir, tuz ve karabiberi iyice karıştırın; sosis/sebze karışımını karıştırma kabına ekleyin.

5. Karışımı fırın tepsisine kaşıkla yayın. Tavayı tel ızgaranın üzerine yerleştirin.

6. Kapağı sabitleyin. "Manuel" modu ve Yüksek basıncı seçin; 15 dakika pişirin. Pişirme tamamlandığında, hızlı bir basınç tahliyesi kullanın; kapağı dikkatlice çıkarın. Eğlence!

Avokado, keçi peyniri ve yumurtalı kekler

Hazırlama süresi: 15 dakika

porsiyonlar 6

Porsiyon başına besin değerleri: 227 kalori; 17,5 gr yağ; 4.3 g toplam karbonhidrat; 13.6 gr protein; 1,3 gr şeker

Malzemeler

- 6 bütün yumurta
- Baharatlı tuz ve taze çekilmiş karabiber
- 1/2 çay kaşığı acı biber
- 1/2 çay kaşığı kurutulmuş dereotu otu
- 2 yemek kaşığı kıyılmış taze maydanoz
- 1 büyük avokado, soyulmuş, çekirdeksiz ve dilimlenmiş
- 1/2 bardak domates, doğranmış
- 5 ons keçi peyniri, ufalanmış

1. Instant Pot'a 1 bardak su ve buhar sepetini ekleyerek başlayın.
2. Tüm malzemeleri birlikte karıştırın; Daha sonra karışımı silikon muffin kaplarına paylaştırın.
3. Ardından muffin kaplarını buhar sepetine bırakın.
4. Kapağı sabitleyin. "Manuel" modu ve Yüksek basıncı seçin; 7 dakika pişirin. Pişirme tamamlandığında, hızlı bir basınç tahliyesi kullanın; kapağı dikkatlice çıkarın.
5. Bu muffinleri kaplardan çıkarmadan önce 5 ila 7 dakika dinlendirin; sıcak servis yapın. Afiyet olsun!

Avokado Tekneleri – Terbiyeli ve Doldurulmuş

Hazırlama süresi: 10 dakika

porsiyonlar 2

Porsiyon başına besin değerleri: 281 kalori; 23,6 gr yağ; 6 gr toplam karbonhidrat; 10.1 gr protein; 0,8 gr şeker

Malzemeler

- 2 avokado, çekirdeksiz ve ikiye bölünmüş
- 4 yumurta
- Tatmak için biber ve tuz
- 4 yemek kaşığı taze rendelenmiş kaşar peyniri
- 1 çay kaşığı Sriracha sosu

1. Instant Pot'a 1 bardak su ve buhar sepetini ekleyerek başlayın.

2. Buhar sepetini bir parça alüminyum folyo ile kaplayın.

3. Şimdi bir kaşıkla avokado etinin bir kısmını alın ve başka bir kullanım için bir kenara koyun (örneğin guacamole yapabilirsiniz. Avokado yarımlarını buhar sepetine yerleştirin.

4. Her avokado boşluğuna bir yumurta ekleyin. Tuz ve karabiber serpin. Üzerlerine peynir serpin ve Sriracha sosu gezdirin.

5. Kapağı sabitleyin. "Manuel" modu ve Yüksek basıncı seçin; 3 dakika pişirin. Pişirme bittiğinde, doğal bir basınç tahliyesi kullanın; kapağı dikkatlice çıkarın. Sıcak servis yapın ve tadını çıkarın!

peynirli bira sosu

Hazırlama süresi: 10 dakika

porsiyonlar 10

Porsiyon başına besin değerleri: 220 kalori; 14.9 gr yağ; 2,9 g toplam karbonhidrat; 18.1 gr protein; 1,7 gr şeker

Malzemeler

- 16 ons süzme peynir, yumuşatılmış
- 5 ons keçi peyniri, yumuşatılmış
- 1/2 çay kaşığı sarımsak tozu
- 1 çay kaşığı öğütülmüş hardal
- 1/2 su bardağı tavuk suyu, tercihen ev yapımı
- 1/2 bardak lager birası
- 6 ons doğranmış pancetta
- 1 bardak Monterey-Jack peyniri, rendelenmiş
- 2 yemek kaşığı taze frenk soğanı, kabaca doğranmış

1. Instant Pot'a süzme peynir, keçi peyniri, sarımsak tozu, hardal, tavuk suyu, bira ve pancetta ekleyin.

2. Kapağı sabitleyin. "Manuel" modu ve Yüksek basıncı seçin; 4 dakika pişirin. Pişirme tamamlandığında, hızlı bir basınç tahliyesi kullanın; kapağı dikkatlice çıkarın.

3. Instant Pot'unuzu ısıtmak için "Sote" düğmesine basın. Monterey-Jack peynirini ekleyin ve tamamen ısınana kadar karıştırın.

4. Taze kıyılmış frenk soğanı serpip servis yapın. Afiyet olsun!

Sağlıklı kahvaltılık rulolar

Hazırlama süresi: 10 dakika

porsiyonlar 4

Porsiyon başına besin değerleri: 202 kalori; 13,7 gr yağ; 4.7 g toplam karbonhidrat; 15.4 gr protein; 2,6 gr şeker

Malzemeler

- 4 yumurta, çırpılmış
- 1/3 su bardağı çift krema
- 2 ons Mozzarella peyniri, ufalanmış
- 1/3 çay kaşığı kırmızı biber, ezilmiş
- Tuz, tatmak
- 8 yaprak Looseleaf marul

Talimatlar

1. Instant Pot'a 1 bardak su ve metal bir ızgara ekleyerek başlayın. Yapışmaz pişirme spreyi ile bir fırın tepsisine püskürtün.

2. Ardından yumurtaları, kremayı, peyniri, kırmızı biberi ve tuzu iyice karıştırın. Bu karışımı fırın tepsisine kaşıkla yayın.

3. Kapağı sabitleyin. "Manuel" modu ve Yüksek basıncı seçin; 3 dakika pişirin. Pişirme bittiğinde, doğal bir basınç tahliyesi kullanın; kapağı dikkatlice çıkarın.

4. Yumurta karışımını marul yapraklarının üzerine yayın, her yaprağı sarın ve hemen servis yapın. Afiyet olsun!

Keto peynirli pizza

Hazırlama süresi: 20 dakika

porsiyonlar 6

Porsiyon başına besin değerleri: 334 kalori; 25.1 gr yağ; 5.9 g toplam karbonhidrat; 20.5 gr protein; 2,8 gr şeker

Malzemeler

- 1 yemek kaşığı zeytinyağı
- 1 büyük domates, doğranmış
- 6 ons biber
- 1 sarı soğan, doğranmış
- 2 biber, doğranmış
- 1 su bardağı mozzarella peyniri, rendelenmiş
- 1/2 su bardağı provolon peyniri, rendelenmiş
- 3 yumurta, çırpılmış
- 1/2 çay kaşığı kuru fesleğen
- 1/2 çay kaşığı kurutulmuş kekik
- 1/2 çay kaşığı kurutulmuş biberiye
- 1/2 su bardağı Kalamata zeytin, çekirdeksiz ve ikiye bölünmüş

1. Hazır tencerenin altını ve yanlarını zeytinyağı ile yağlayın. En alta dilimlenmiş domatesin 1/2'sini yerleştirin.

2. Daha sonra 3 ons sucuk, 1/2 sarı soğan, 1 dolmalık biber, 1/2 su bardağı mozzarella peyniri ve 1/4 su bardağı provolon peyniri ekleyin.

3. Malzemeler bitene kadar katmanlamaya devam edin. Çırpılmış yumurtaları ekleyin. Daha sonra üzerine baharatları ve zeytinleri serpin.

4. Kapağı sabitleyin. "Manuel" modu ve Yüksek basıncı seçin; 15 dakika pişirin. Pişirme bittiğinde, doğal bir basınç tahliyesi kullanın; kapağı dikkatlice çıkarın. Sıcak servis yapın.

Habanero Biberli Yumurta

Hazırlama süresi: 25 dakika

porsiyonlar 4

Porsiyon başına besin değerleri: 338 kalori; 25.7 gr yağ; 5.8 g toplam karbonhidrat; 19.8 gr protein; 2,8 gr şeker

Malzemeler

- 8 yumurta
- 2 çay kaşığı öğütülmüş habanero biber
- 1 çay kaşığı kimyon tohumu
- 1/4 su bardağı ekşi krema
- 1/4 su bardağı mayonez
- 1 çay kaşığı öğütülmüş hardal
- 1/2 çay kaşığı acı biber
- Tatmak için deniz tuzu ve taze çekilmiş karabiber

1. **Talimatlar**
2. Instant Pot'a 1 su bardağı su dökün; altına bir buharlı pişirici sepeti ekleyin.
3. Yumurtaları buhar sepetine yerleştirin.
4. Kapağı sabitleyin. "Manuel" modu ve Yüksek basıncı seçin; 5 dakika pişirin. Pişirme bittiğinde, doğal bir basınç tahliyesi kullanın; kapağı dikkatlice çıkarın.
5. Yumurtaları 15 dakika soğumaya bırakın. Yumurtaları soyun ve beyazları sarılardan ayırın.

6. Instant Pot'unuzu ısıtmak için "Sote" düğmesine basın; yağı ısıt. Şimdi habanero biberlerini ve kimyon tohumlarını kokulu olana kadar kavurun.

7. Ayrılmış yumurta sarısını biber karışımına ekleyin. Ekşi krema, mayonez, hardal, acı biber, tuz ve karabiberi karıştırın. Şimdi yumurta aklarını bu karışımla doldurun. Afiyet olsun!

Hardal tohumu soslu yumurta salatası

Hazırlama süresi: 25 dakika

porsiyonlar 4

Porsiyon başına besin değerleri: 340 kalori; 27,5 gr yağ; 5.1 g toplam karbonhidrat; 16.4 gr protein; 1,9 gr şeker

Malzemeler

- 5 orta boy yumurta
- 1/2 kiloluk lahana yaprakları, parçalara ayrılmış
- 1/2 su bardağı turp, dilimlenmiş
- 1 beyaz soğan, ince dilimlenmiş
- 2 yemek kaşığı şampanya sirkesi
- 1/2 yemek kaşığı haşhaş tohumu
- Tatmak için deniz tuzu ve beyaz biber
- 1/2 çay kaşığı acı biber
- 1 çay kaşığı sarı hardal
- 1/4 su bardağı sızma zeytinyağı
- 3 ons keçi peyniri, ufalanmış

1. Instant Pot'a 1 su bardağı su dökün; altına bir buharlı pişirici sepeti ekleyin.

2. Yumurtaları buhar sepetine yerleştirin.

3. Kapağı sabitleyin. "Manuel" modu ve Yüksek basıncı seçin; 5 dakika pişirin. Pişirme bittiğinde, doğal bir basınç tahliyesi kullanın; kapağı dikkatlice çıkarın.

4. Yumurtaları 15 dakika soğumaya bırakın. Sonra onları buzdolabına koyun ve bir kenara koyun.

5. Sonra lahanayı buhar sepetine koyun.

6. Kapağı sabitleyin. "Manuel" modu ve Yüksek basıncı seçin; 1 dakika pişirin. Pişirme tamamlandığında, hızlı bir basınç tahliyesi kullanın; kapağı dikkatlice çıkarın.

7. Şimdi turpları ve soğanları bir salata kasesine koyun. Lahanayı ve dilimlenmiş yumurtaları ekleyin.

8. Bir karıştırma kabında sirke, haşhaş tohumu, tuz, beyaz biber, kırmızı biber ve zeytinyağını iyice karıştırın.

9. Hazırladığınız sosu salatanızın üzerine gezdirin. Üzerine keçi peyniri serpin ve iyice soğutulmuş olarak servis yapın. Afiyet olsun!

Yumurta salatası kasesi

Hazırlama süresi: 25 dakika

porsiyonlar 4

Porsiyon başına besin değerleri: 276 kalori; 22,6 gr yağ; 6.7 g toplam karbonhidrat; 12.5 gr protein; 1,4 gr şeker

Malzemeler

- 8 yumurta
- 1 avokado, çekirdeksiz, soyulmuş ve dilimlenmiş
- 1/4 mayonez
- 1 yemek kaşığı taze limon suyu
- 1 yemek kaşığı şampanya sirkesi
- 1 çay kaşığı öğütülmüş hardal
- Tatmak için deniz tuzu ve öğütülmüş karabiber
- 1/2 çay kaşığı kereviz tohumu
- 8 adet çekirdekleri çıkarılmış ve dilimlenmiş siyah zeytin
- 1/2 su bardağı fesleğen yaprağı, gevşekçe paketlenmiş

Talimatlar

1. 1 bardak su ve buhar sepetini Instant Pot'a koyun. Şimdi yumurtaları buharlı pişiricinin sepetine yerleştirin.

2. Kapağı sabitleyin. "Manuel" modu ve düşük basıncı seçin; 5 dakika pişirin. Pişirme tamamlandığında, hızlı bir basınç tahliyesi kullanın; kapağı dikkatlice çıkarın.

3. Yumurtaları 15 dakika soğumaya bırakın. Yumurtaları soyun ve uzunlamasına kesin.

4. Bir servis kasesine avokado, mayonez, limon suyu, sirke, hardal, tuz, karabiber, kereviz tohumlarını koyun; iyice birleştirmek için karıştırın.

5. Ayrılmış yumurta, zeytin ve fesleğen ile doldurun. Eğlence!

Kuşkonmaz ve peynir güveç

Hazırlama süresi: 25 dakika

porsiyonlar 6

Porsiyon başına besin değerleri: 272 kalori; 21.1 gr yağ; 4.7 g toplam karbonhidrat; 15.5 gr protein; 2.3 gr şeker

Malzemeler

- 1 yemek kaşığı tereyağı, yumuşatılmış
- 1/2 su bardağı doğranmış pırasa
- 2 diş sarımsak, doğranmış
- 10 kuşkonmaz, doğranmış
- 6 yumurta, çırpılmış
- 4 yemek kaşığı süt
- 3 yemek kaşığı krem peynir
- Tatmak için Kosher tuzu ve beyaz biber
- 1/2 çay kaşığı kekik, öğütülmüş
- 1/2 çay kaşığı öğütülmüş biberiye
- 1 bardak Colby peyniri, rendelenmiş

1. Instant Pot'u ısıtmak için "Sote" düğmesine basın. Şimdi tereyağını eritip üzerine pırasayı yumuşayana kadar kavurun.

2. Sarımsağı ekleyin ve 30 saniye daha pişirin. Instant Pot'u kapatın. Kalan malzemeleri ekleyin ve birleştirmek için karıştırın.

3. Karışımı hafifçe yağlanmış ramekinlere paylaştırın.

4. Instant Pot'u nemli bir bezle silin. Instant Pot'a 1 bardak su ve raf koyun.

5. Ramekinleri rafa yerleştirin. Onları bir parça folyo ile örtün.

6. Kapağı sabitleyin. "Çorba/çorba" modunu ve düşük basıncı seçin; 20 dakika pişirin. Pişirme tamamlandığında, hızlı bir basınç tahliyesi kullanın; kapağı dikkatlice çıkarın. Afiyet olsun!

bayram kahvaltısı için yumurta

Hazırlama süresi: 10 dakika

porsiyonlar 3

Porsiyon başına besin değerleri: 259 kalori; 19.2 gr yağ; 2 gr toplam karbonhidrat; 17.9 gr protein; 1,3 gr şeker

Malzemeler

- 6 büyük yumurta
- Tatmak için biber ve tuz

Talimatlar

1. Instant Pot'a 1 bardak su ve metal tabanı ekleyin.
2. Altı silikon bardağa yapışmaz pişirme spreyi sıkın. Her bardağa bir yumurta kırın.
3. Ardından silikon kapları metal standın üzerine bırakın.
4. Kapağı sabitleyin. "Buhar" modunu ve Yüksek basıncı seçin; 4 dakika pişirin. Pişirme tamamlandığında, hızlı bir basınç tahliyesi kullanın; kapağı dikkatlice çıkarın.
5. Yumurtaları tuz ve karabiberle tatlandırın. Afiyet olsun!

Peynir ve hardallı yeşil sos

Hazırlama süresi: 10 dakika

porsiyonlar 8

Porsiyon başına besin değerleri: 49 kalori; 3,1 gr yağ; 1.4 g toplam karbonhidrat; 3,9 gr protein; 0,8 gr şeker

Malzemeler

- 1 su bardağı kıyılmış hardal
- 4 ons süzme peynir, oda sıcaklığında
- 1/2 su bardağı keçi peyniri, oda sıcaklığında
- Tatmak için tuz ve öğütülmüş karabiber
- 1 çay kaşığı Dijon hardalı

Talimatlar

1. Yukarıdaki bileşenlerin tümünü Instant Lon'unuza atmanız yeterlidir.
2. Kapağı sabitleyin. "Manuel" modu ve düşük basıncı seçin; 3 dakika pişirin. Pişirme tamamlandığında, hızlı bir basınç tahliyesi kullanın; kapağı dikkatlice çıkarın.
3. Sıcak servis yapın ve tadını çıkarın!

Peynirli Karnabahar Sosu

Hazırlama süresi: 10 dakika

porsiyonlar 10

Porsiyon başına besin değerleri: 97 kalori; 8,7 gr yağ; 1.2 g toplam karbonhidrat; 3,9 gr protein; 0,5 gr şeker

Malzemeler

- 1 bardak su
- 1/2 pound karnabahar, çiçeklere ayrılmış
- 1/2 su bardağı tavuk suyu, ılık
- 1/2 çubuk tereyağı
- 1 su bardağı paneer peyniri, ufalanmış
- 2 yemek kaşığı kıyılmış taze kişniş
- 1 çay kaşığı kala namak
- 1/4 çay kaşığı karabiber

1. Instant Pot'unuza su ve bir buhar sepeti ekleyerek başlayın. Şimdi karnabahar çiçeklerini buhar sepetine yerleştirin.

2. Kapağı sabitleyin. "Manuel" modu ve düşük basıncı seçin; 3 dakika pişirin. Pişirme tamamlandığında, hızlı bir basınç tahliyesi kullanın; kapağı dikkatlice çıkarın.

3. Daha sonra karnabahar çiçeklerini mutfak robotunda püre haline getirin.

4. Kalan malzemeleri ekleyin; her şey iyi bir şekilde birleştirilene kadar püre haline getirin. Afiyet olsun!

En iyi ketojenik kahvaltı

Hazırlama süresi: 10 dakika

porsiyonlar 4

Porsiyon başına besin değerleri: 256 kalori; 18.6 gr yağ; 5.3 g toplam karbonhidrat; 17 gr protein; 2,9 gr şeker

Malzemeler

- 4 orta boy Portobello mantarı, sapsız
- 4 yumurta
- 1 kırmızı biber, soyulmuş ve doğranmış
- 1 yeşil biber, soyulmuş ve doğranmış
- Arzunuza göre deniz tuzu ve karabiber
- 1/2 çay kaşığı acı biber
- 1/2 çay kaşığı kurutulmuş dereotu otu
- 1 su bardağı Pepper-Jack peyniri, rendelenmiş

Talimatlar

1. Instant Lon'unuza 1 bardak su ve metal bir taban ekleyerek başlayın. Portobello mantarlarına yapışmaz pişirme spreyi sıkın.

2. Yumurta, karabiber, tuz, karabiber, kırmızı biber ve dereotu karıştırın; her şey iyi bir şekilde birleştirilene kadar karıştırın. Bu karışımı hazırlanan mantar kapaklarına kaşıkla koyun.

3. Doldurulmuş mantarları metal bir tabana yerleştirin.

4. Kapağı sabitleyin. "Manuel" modu ve Yüksek basıncı seçin; 6 dakika pişirin. Pişirme tamamlandığında, hızlı bir basınç tahliyesi kullanın; kapağı dikkatlice çıkarın.

5. Üzerine rendelenmiş peynir serpin. Afiyet olsun!

Lezzetli keto sargıları

Hazırlama süresi: 10 dakika

porsiyonlar 4

Porsiyon başına besin değerleri: 298 kalori; 24,2 gr yağ; 3,6 g toplam karbonhidrat; 15.7 gr protein; 1,3 gr şeker

Malzemeler

- 2 yemek kaşığı oda sıcaklığında tereyağ
- 4 yumurta
- Tatmak için tuz ve kırmızı biber
- 1/2 su bardağı çedar peyniri, rendelenmiş
- 8 dilim mortadella
- 1/4 su bardağı mayonez
- 1 yemek kaşığı Dijon hardalı
- 8 yaprak marul

1. Instant Pot'unuzu ısıtmak için "Sote" düğmesine basın. Şimdi tereyağını ısıtın.

2. Yumurtaları ekleyin ve yumurtalar katılaşana kadar tahta kaşıkla karıştırın. Tuz, kırmızı biber ve peynir ekleyin.

3. 40 saniye daha veya peynir eriyene kadar pişirmeye devam edin. Instant Pot'u kapatın.

4. Şimdi yumurta/peynir karışımını mortadella dilimleri arasında bölün; mayonez ve hardal ekleyin. Her ruloya bir marul yaprağı ekleyin.

Sosis ve domates ile güveç

Hazırlama süresi: 10 dakika

Pişirme süresi: 20 dakika

Yemekler: 4

Malzemeler:

- 1 pound domuz sosisi, dilimlenmiş
- 14 ons konserve doğranmış domates
- 1 sarı soğan, doğranmış
- Bir tutam tuz ve karabiber
- 1 yemek kaşığı avokado yağı
- ½ su bardağı et suyu

talimatlar:

1. Hazır tencereyi Simmer moduna getirin, yağ ekleyin, ısıtın, soğan ve sosis ekleyin ve 5 dakika kızartın.
2. Kalan malzemeleri ekleyin, örtün ve 15 dakika kısık ateşte pişirin.
3. Basıncı doğal olarak 10 dakika bırakın, yahniyi kaselere bölün ve servis yapın.

Porsiyon başına besin değerleri: Kalori 200, yağ 7, lif 3, karbonhidrat 9, protein 12

Biberiye ve yaban havucu ile dana güveç

Hazırlama süresi: 10 dakika

Pişirme süresi: 30 dakika

Yemekler: 4

Malzemeler:

- 1 kiloluk dana güveç, doğranmış
- 2 yemek kaşığı zeytinyağı
- Bir tutam tuz ve karabiber
- ¼ pound yaban havucu, dilimlenmiş
- 4 diş sarımsak, doğranmış
- 2 su bardağı et suyu
- 1 yemek kaşığı domates salçası
- Bir demet kıyılmış biberiye

talimatlar:

1. Instant Pot'u Simmer moduna getirin, yağ ekleyin, ısıtın, sığır eti ve sarımsağı ekleyin ve sık sık karıştırarak 5 dakika kızartın.

2. Maydanozları ve diğer malzemeleri ekleyip kapağını kapatın ve 25 dakika yüksek ateşte pişirin.

3. Basıncı doğal olarak 10 dakika bırakın, yahniyi kaselere bölün ve servis yapın.

Porsiyon başına besin değerleri: Kalori 242, yağ 12, lif 4, karbonhidrat 9, protein 13

Tavuk ve ıspanak ile İtalyan güveç

Hazırlama süresi: 10 dakika

Pişirme süresi: 25 dakika

Yemekler: 4

Malzemeler:

- 1 pound derisiz, kemiksiz, doğranmış tavuk göğsü
- 1 yemek kaşığı zeytinyağı
- 1 sarı soğan, doğranmış
- 2 su bardağı ıspanak, yırtılmış
- 1 su bardağı tavuk suyu
- ½ su bardağı domates sosu
- Tatmak için tuz ve karabiber

talimatlar:

1. Hazır tencereyi Simmer moduna getirin, yağı ekleyin, ısıtın, soğan ve tavuğu ekleyin ve 5 dakika kızartın.
2. Kalan malzemeleri ekleyin, örtün ve 20 dakika kısık ateşte pişirin.
3. Basıncı doğal olarak 10 dakika bırakın, yahniyi kaselere bölün ve servis yapın.

Porsiyon başına besin değerleri: Kalori 263, yağ 11, lif 3, karbonhidrat 6, protein 17

Tavuk ve Bamya Güveç

Hazırlama süresi: 10 dakika

Pişirme süresi: 20 dakika

Yemekler: 4

Malzemeler:

- 1 sarı soğan, doğranmış
- 1 pound derisiz, kemiksiz, doğranmış tavuk göğsü
- 1 diş sarımsak, kıyılmış
- 2 su bardağı tavuk suyu
- 14 ons bamya
- 1 çay kaşığı beş baharat
- 12 ons domates sosu
- Bir tutam tuz ve karabiber
- 2 çay kaşığı avokado yağı
- ½ su bardağı kıyılmış maydanoz
- 1 misket limonunun suyu

1. Instant Pot'u Simmer moduna getirin, yağ ekleyin, ısıtın, et ve soğanı ekleyin ve 5 dakika kızartın.

2. Maydanoz hariç kalan malzemeleri ekleyin, üzerini kapatın ve 15 dakika yüksek ateşte pişirin.

3. 10 dakika kadar doğal bir şekilde bastırın, maydanozu ekleyin, güveci kaselere paylaştırın ve servis edin.

Porsiyon başına besin değerleri: Kalori 253, yağ 12, lif 5, karbonhidrat 8, protein 16

Bezelye ve Hindi Güveç

Hazırlama süresi: 10 dakika

Pişirme süresi: 25 dakika

Yemekler: 4

Malzemeler:

- 1 hindi göğsü, derisiz, kemiksiz ve doğranmış
- 4 diş sarımsak, doğranmış
- 1 yemek kaşığı zeytinyağı
- 2 kereviz sapı, doğranmış
- 1 sarı soğan, doğranmış
- 1 bardak bezelye
- 2 defne yaprağı
- ¼ çay kaşığı kuru kekik
- Bir tutam tuz ve karabiber
- 1 ve ½ su bardağı tavuk suyu
- 3 yemek kaşığı domates salçası
- 1 yemek kaşığı kişniş, kıyılmış

1. Hazır tencereyi pilav moduna getirin, yağı ekleyin, ısıtın, et, sarımsak ve soğanı ekleyin, karıştırın ve 5 dakika kızartın.

2. Kişniş hariç kalan malzemeleri ekleyin, örtün ve 20 dakika yüksekte pişirin.

3. 10 dakika kadar doğal bir şekilde baskıyı bırakın, defne yaprağını atın, maydanozu ekleyin, yahniyi kaselere paylaştırın ve servis yapın.

Porsiyon başına besin değerleri: Kalori 272, yağ 12, lif 4, karbonhidrat 7, protein 11

Türkiye ve Brüksel Lahanası Güveç

Hazırlama süresi: 10 dakika

Pişirme süresi: 25 dakika

Yemekler: 4

Malzemeler:

- 1 pound hindi göğsü, derisiz, kemiksiz ve doğranmış
- 1 pound Brüksel lahanası, yarıya
- 1 arpacık soğan, kıyılmış
- 2 diş sarımsak, doğranmış
- 1 yemek kaşığı zeytinyağı
- Bir tutam tuz ve karabiber
- 1 yemek kaşığı kıyılmış kekik
- ½ yemek kaşığı kıyılmış tarhun
- 1 yemek kaşığı kıyılmış maydanoz
- 1 su bardağı tavuk suyu
- ½ su bardağı domates sosu

talimatlar:

1. Hazır tencereyi pilav moduna getirin, yağı ekleyin, ısıtın, et, filiz, arpacık soğanı ve sarımsağı ekleyin ve 5 dakika kızartın.

2. Kalan malzemeleri ekleyin, örtün ve 20 dakika kısık ateşte pişirin.

3. Basıncı doğal olarak 10 dakika bırakın, yahniyi kaselere bölün ve servis yapın.

Porsiyon başına besin değerleri: Kalori 239, yağ 14, lif 4, karbonhidrat 9, protein 16

Kuzu ve biberli güveç

Hazırlama süresi: 5 dakika

Pişirme süresi: 20 dakika

Yemekler: 4

Malzemeler:

- 1 pound kuzu omzu, doğranmış
- 2 yemek kaşığı zeytinyağı
- 1 beyaz soğan, doğranmış
- 2 diş sarımsak, doğranmış
- 10 ons karışık dolmalık biber, şeritler halinde kesilmiş
- 2 su bardağı et suyu
- Bir tutam tuz ve karabiber
- 1 yemek kaşığı fesleğen, kurutulmuş
- 2 yemek kaşığı kıyılmış kekik

talimatlar:

1. Hazır tencereyi pilav moduna getirin, yağı ekleyin, ısıtın, et, sarımsak ve soğanı ekleyin ve 5 dakika kızartın.
2. Kalan malzemeleri ekleyin, örtün ve 15 dakika yüksekte pişirin.
3. 5 dakika boyunca hızlı bir şekilde baskıyı bırakın, yahniyi kaselere bölün ve servis yapın.

Tarçınlı Domuz Güveç

Hazırlama süresi: 10 dakika

Pişirme süresi: 30 dakika

Yemekler: 4

Malzemeler:

- 1 ve ½ pound domuz omzu, doğranmış
- 1 sarı soğan, doğranmış
- 2 yemek kaşığı zeytinyağı
- 1 çay kaşığı toz tarçın
- 2 diş sarımsak, doğranmış
- Bir tutam tuz ve karabiber
- ½ su bardağı et suyu
- 12 ons konserve doğranmış domates
- 1 yemek kaşığı kıyılmış fesleğen

talimatlar:

1. Instant Pot'u Simmer moduna getirin, yağı ekleyin, ısıtın, et, soğan, sarımsak ve tarçın ekleyin, karıştırın ve 5 dakika kızartın.

2. Fesleğen hariç kalan malzemeleri ekleyip kapağını kapatın ve 25 dakika kısık ateşte pişirin.

3. Basıncı doğal olarak 10 dakika bırakın, yahniyi kaselere bölün, fesleğen serpin ve servis yapın.

Porsiyon başına besin değerleri: Kalori 231, yağ 12, lif 3, karbonhidrat 7, protein 9

Pestolu Domuz Güveci

Hazırlama süresi: 10 dakika

Pişirme süresi: 30 dakika

Yemekler: 4

Malzemeler:

- 1 sarı soğan, doğranmış
- 1 pound domuz güveç, doğranmış
- 1 diş sarımsak, kıyılmış
- 1 su bardağı tavuk suyu
- 12 ons domates sosu
- 1 yemek kaşığı zeytinyağı
- ½ limon suyu
- 1 yemek kaşığı kıyılmış maydanoz
- 1 yemek kaşığı fesleğenli pesto

talimatlar:

1. Hazır tencereyi Simmer moduna getirin, yağı ekleyin, ısıtın, et, soğan ve sarımsağı ekleyin ve 5 dakika kızartın.

2. Kalan malzemeleri ekleyin, örtün ve 25 dakika kısık ateşte pişirin.

3. Basıncı doğal olarak 10 dakika bırakın, yahniyi kaselere bölün ve servis yapın.

Porsiyon başına besin değerleri: Kalori 233, yağ 12, lif 4, karbonhidrat 7, protein 15

Sığır eti ve kuyruk güveç

Hazırlama süresi: 10 dakika

Pişirme süresi: 40 dakika

Yemekler: 6

Malzemeler:

- 2 pound dana güveç, doğranmış
- 2 su bardağı tavuk suyu
- 3 diş sarımsak, doğranmış
- 1 su bardağı domates sosu
- Tatmak için tuz ve karabiber
- 3 kuyruk, dörde bölünmüş

talimatlar:

1. Tüm malzemeleri Instant Pot'ta karıştırın, örtün ve 40 dakika kısık ateşte pişirin.

2. Basıncı doğal olarak 10 dakika bırakın, yahniyi kaselere bölün ve servis yapın.

Porsiyon başına besin değerleri: Kalori 221, yağ 12, lif 4, karbonhidrat 7, protein 11

Kekik ve domates güveç

Hazırlama süresi: 10 dakika

Pişirme süresi: 40 dakika

Yemekler: 4

Malzemeler:

- 4 kuzu incik
- 2 yemek kaşığı zeytinyağı
- 1 sarı soğan, doğranmış
- 2 diş sarımsak, doğranmış
- 1 ve ½ bardak doğranmış domates
- 1 yemek kaşığı kıyılmış kekik
- Bir tutam tuz ve karabiber
- 2 su bardağı et suyu

talimatlar:

1. Instant Pot'u Simmer moduna getirin, yağ ekleyin, ısıtın, kuzu eti ekleyin ve 4 dakika kızartın.
2. Kalan malzemeleri ekleyin, örtün ve 35 dakika kısık ateşte pişirin.
3. Basıncı doğal olarak 10 dakika bırakın, yahniyi kaselere bölün ve servis yapın.

Porsiyon başına besin değerleri: Kalori 230, yağ 14, lif 4, karbonhidrat 7, protein 11

Acılı Dana Yahni

Hazırlama süresi: 5 dakika

Pişirme süresi: 20 dakika

Yemekler: 4

Malzemeler:

- 1 kiloluk dana güveç, öğütülmüş
- 2 su bardağı et suyu
- 10 ons Salsa Verde
- 1 çay kaşığı pul biber
- Bir tutam tuz ve karabiber
- 1 yemek kaşığı kişniş, kıyılmış

talimatlar:

1. Kişniş hariç tüm malzemeleri bir Instant Pot'ta birleştirin, örtün ve 20 dakika yüksekte pişirin.

2. Hızlıca 5 dakika dinlendirin, yahniyi kaselere paylaştırın, üzerine kişniş serpin ve servis yapın.

Porsiyon başına besin değerleri: kalori 201, yağ 7, lif 4, karbonhidrat 7, protein 9

Limonlu Kale ve Tavuk Güveç

Hazırlama süresi: 10 dakika

Pişirme süresi: 20 dakika

Yemekler: 4

Malzemeler:

- 1 pound derisiz, kemiksiz, doğranmış tavuk göğsü
- 2 su bardağı lahana, kıyılmış
- ½ su bardağı tavuk suyu
- ½ su bardağı domates sosu
- Bir tutam tuz ve karabiber
- 1 yemek kaşığı kişniş, kıyılmış

talimatlar:

1. Tüm malzemeleri Instant Pot'ta karıştırın, örtün ve 20 dakika yüksekte pişirin.
2. Basıncı doğal olarak 10 dakika bırakın, yahniyi kaselere bölün ve servis yapın.

Porsiyon başına besin değerleri: kalori 192, yağ 8, lif 4, karbonhidrat 8, protein 12

Tarhun Dana Yahni

Hazırlama süresi: 10 dakika

Pişirme süresi: 30 dakika

Yemekler: 4

Malzemeler:

- 1 ve ½ pound dana güveç, doğranmış
- 3 diş sarımsak, doğranmış
- 2 yemek kaşığı zeytinyağı
- 1 su bardağı domates sosu
- ½ su bardağı et suyu
- 1 yemek kaşığı kıyılmış tarhun
- Bir tutam tuz ve karabiber

talimatlar:

1. Hazır tencereyi Kaynatma moduna getirin, yağı ekleyin, ısıtın, et ve sarımsağı ekleyin ve 5 dakika kızartın.
2. Kalan malzemeleri ekleyin, örtün ve 25 dakika kısık ateşte pişirin.
3. Basıncı doğal olarak 10 dakika bırakın, yahniyi kaselere bölün ve servis yapın.

Porsiyon başına besin değerleri: Kalori 200, yağ 12, lif 4, karbonhidrat 6, protein 9

Pastırma ve ıspanak güveç

Hazırlama süresi: 10 dakika

Pişirme süresi: 12 dakika

Yemekler: 4

Malzemeler:

- 2 su bardağı domuz pastırması, doğranmış
- 1 çay kaşığı zeytinyağı
- 1 pound ıspanak, yırtılmış
- Bir tutam tuz ve karabiber
- ½ su bardağı tavuk suyu
- 3 yemek kaşığı domates salçası

talimatlar:

1. Instant Pot'u kaynama moduna getirin, yağ ekleyin, ısıtın, pastırmayı ekleyin ve 5 dakika pişirin.

2. Kalan malzemeleri ekleyin, örtün ve 12 dakika kısık ateşte pişirin.

3. Basıncı doğal olarak 10 dakika bırakın, yahniyi kaselere bölün ve servis yapın.

Porsiyon başına besin değerleri: kalori 195, yağ 4, lif 5, karbonhidrat 9, protein 6

Karides ve morina ile güveç

Hazırlama süresi: 5 dakika

Pişirme süresi: 12 dakika

Yemekler: 4

Malzemeler:

- 1 kiloluk karides, soyulmuş ve kabuğu çıkarılmış
- 7 ons konserve doğranmış domates
- ½ demet kıyılmış maydanoz
- ¼ su bardağı tavuk suyu
- 1 pound morina filetosu, kemiksiz, derisiz ve doğranmış

talimatlar:

1. Tüm malzemeleri Instant Pot'ta karıştırın, örtün ve 12 dakika kısık ateşte pişirin.
2. 5 dakika kadar hızlıca üzerini kapatıp karışımı kaselere paylaştırın ve servis yapın.

Porsiyon başına besin değerleri: Kalori 160, yağ 4, lif 3, karbonhidrat 7, protein 9

Yeşil Fasulye ve Tavuk Güveç

Hazırlama süresi: 10 dakika

Pişirme süresi: 15 dakika

Yemekler: 4

Malzemeler:

- 1 yemek kaşığı zeytinyağı
- 2 diş sarımsak, doğranmış
- 1 pound derisiz, kemiksiz, doğranmış tavuk göğsü
- 1 pound yeşil fasulye, dilimlenmiş
- 14 ons konserve doğranmış domates
- 1 yemek kaşığı kıyılmış maydanoz

talimatlar:

1. Hazır tencereyi Simmer moduna getirin, yağı ekleyin, ısıtın, et ve sarımsağı ekleyin ve 5 dakika kızartın.
2. Kalan malzemeleri ekleyin, örtün ve 15 dakika yüksekte pişirin.
3. Basıncı doğal olarak 10 dakika bırakın, yahniyi kaselere bölün ve servis yapın.

Porsiyon başına besin değerleri: Kalori 200, Yağ 8, Lif 5, Karbonhidrat 8, Protein 10

Zerdeçal, Kinoa ve Tavuk Güveç

Hazırlama süresi: 6 dakika

Pişirme süresi: 20 dakika

Yemekler: 4

Malzemeler:

- 1 yemek kaşığı zeytinyağı
- ½ su bardağı kinoa, yıkanmış
- 3 su bardağı tavuk suyu
- 1 pound derisiz, kemiksiz, doğranmış tavuk göğsü
- ½ çay kaşığı öğütülmüş kimyon
- 1 kırmızı soğan, doğranmış
- 4 diş sarımsak, doğranmış
- ½ çay kaşığı toz zerdeçal
- Bir tutam tuz ve karabiber
- 1 çay kaşığı limon suyu

1. Hazır tencereyi güveç moduna getirin, yağı ekleyin, ısıtın, et, soğan, sarımsak, zerdeçal ve kimyon ekleyin, karıştırın ve 5 dakika kızartın.

2. Kalan malzemeleri ekleyin, örtün ve 15 dakika yüksekte pişirin.

3. 6 dakika boyunca hızlı bir şekilde baskıyı bırakın, yahniyi karıştırın, kaselere bölün ve servis yapın.

Porsiyon başına besin değerleri: Kalori 200, yağ 12, lif 4, karbonhidrat 7, protein 14

Öğle yemeği için hafif çorba

Hazırlama süresi: 43 DK

Porsiyon: 6

Malzemeler

- 1 yemek kaşığı zeytinyağı
- 1 doğranmış sarı soğan
- 3 diş kıyılmış sarımsak
- 1¼ pound dondurulmuş karnabahar
- ½ pound küp küp doğranmış donmuş Balkabagi
- 3 su bardağı filtrelenmiş su
- 1 çay kaşığı kuru kekik
- 1 çay kaşığı kırmızı biber
- ½ çay kaşığı kırmızı biber
- Tuz, tatmak
- ½ fincan yarım ve yarım
- ¼ su bardağı rendelenmiş çedar peyniri

1. Instant Pot'a yağı koyun ve "Sote" seçeneğini seçin. Ardından soğanı ekleyin ve yaklaşık 4-5 dakika pişirin.
2. Sarımsağı ekleyin ve yaklaşık 1 dakika pişirin.
3. "İptal"i seçin ve karnabahar, kabak, su, kekik ve baharatları karıştırın.
4. Kapağı sabitleyin ve basınç valfini "Mühür" konumuna getirin.
5. "Manuel"i seçin ve "Yüksek Basınç"ta yaklaşık 5 dakika pişirin.
6. "İptal"i seçin ve dikkatli bir şekilde "Hızlı" serbest bırakma işlemini gerçekleştirin.
7. Kapağı çıkarın ve yarı yarıya karıştırın.
8. Çorbayı bir karıştırıcı ile püre haline getirin ve hemen servis yapın.

Porsiyon başına besin değerleri:

Kalori 117

Toplam yağ 6,5 gr

Net Karbonhidrat 2.16g

Protein 4.4 gr

Elyaf 3.8g

Kuzey Amerika sebze çorbası

Hazırlama süresi: 38 DK

Porsiyon: 6

Malzemeler:

- 2 yemek kaşığı zeytinyağı
- 1 ince kıyılmış sarı soğan
- 1 yemek kaşığı kıyılmış sarımsak
- 1 çay kaşığı kuru kekik
- 1 pound doğranmış taze Baby Bella mantarı
- 4 su bardağı doğranmış karnabahar
- 6 su bardağı ev yapımı sebze çorbası
- ¾ fincan rendelenmiş Parmesan peyniri

talimatlar:

1. Instant Pot'a yağı koyun ve "Sote" seçeneğini seçin. Ardından soğan ve sarımsağı ekleyip 2-3 dakika kadar pişirin.
2. Mantarları ekleyin ve yaklaşık 4-5 dakika pişirin.
3. "İptal"i seçin ve karnabahar ve et suyunu ilave edin.
4. Kapağı sabitleyin ve basınç valfini "Mühür" konumuna getirin.
5. "Manuel"i seçin ve "Yüksek Basınç"ta yaklaşık 5 dakika pişirin.

6. "İptal"i seçin ve dikkatli bir şekilde doğal bir serbest bırakma gerçekleştirin.

7. Kapağı çıkarın ve çorbayı püre haline getirmek için bir daldırma blender kullanın.

8. "Sote"yi seçin ve Parmesan peyniri ile karıştırın.

9. Yaklaşık 5 dakika pişirin.

10. Hemen servis yapın.

Porsiyon başına besin değerleri:

Kalori 147

Toplam yağ 69 gr

Net Karbonhidrat 1.5g

Protein 13.8g

Elyaf 2.6g

bolonez çorbası

Hazırlama süresi: 40 DK

Porsiyon: 4

Malzemeler:

- 1 pound kıyma
- 14 ons doğranmış konserve domates
- ¼ su bardağı domates püresi
- 3 su bardağı tavuk suyu
- ½ çay kaşığı kekik
- ½ çay kaşığı kekik
- 1 yemek kaşığı kıyılmış fesleğen
- 2 diş sarımsak, kıyılmış
- 2 su bardağı karnabahar pirinci
- ½ çay kaşığı tatlandırıcı
- ½ çay kaşığı tuz
- ½ çay kaşığı biber
- 1 yemek kaşığı zeytinyağı

talimatlar:

1. IP'nizdeki yağı SAUTE'a ısıtın.
2. Soğanı ekleyin ve 3 dakika pişirin.
3. Sarımsak, kekik ve kekiği ekleyin ve 1 dakika daha pişirin.
4. Sığır eti ekleyin ve kızarana kadar pişirin.
5. Domates püresini ve domatesleri ilave edip 2 dakika daha pişirin.
6. Çorbanın üzerine dökün.
7. Tuz, karabiber ve tatlandırıcıyı ekleyip kapağını kapatın.
8. 5 dakika boyunca YÜKSEK pişirin.
9. Basıncın 5 dakika düşmesine izin verin.
10. Karnabaharı ilave edin ve YÜKSEK'te 5 dakika daha pişirin.
11. Basıncı doğal olarak serbest bırakın.
12. Fesleğeni katıp servis yapın.
13. Eğlence!

Porsiyon başına besin değerleri:

Kalori 423

Toplam yağ 17.4 gr

Net Karbonhidratlar 7g

Proteinler 25 gr

Lif: 1,8 gr

Jambon ve kuşkonmaz çorbası

Hazırlama süresi: 55 DK

Porsiyon: 4

Malzemeler:

- 1 ½ pound kuşkonmaz, dilimlenmiş
- ½ çay kaşığı kekik
- ¾ fincan dilimlenmiş jambon
- 1 soğan, doğranmış
- 3 yemek kaşığı. Ghee
- 2 çay kaşığı kıyılmış sarımsak
- 4 su bardağı tavuk suyu

talimatlar:

1. SAUTE'de IP'nizde ghee eritin.
2. Soğanı ekleyin ve 3 dakika pişirin.
3. Jambonu ve sarımsağı ekleyin ve 1 dakika daha pişirin.
4. Kekik ve et suyunu ekleyin ve birleştirmek için karıştırın.
5. Kapağı kapatın ve ÇORBA'da 45 dakika pişirin.
6. Basıncı hızla boşaltın.
7. Pürüzsüz olana kadar bir çubuk karıştırıcı ile karıştırın.
8. Servis yapın ve tadını çıkarın!

Porsiyon başına besin değerleri:

Kalori 233

Toplam yağ 18,5 gr

Net Karbonhidrat 7.5g

Protein 8.7 gr

Lif: 2,6 gr

Farklı bir düğün çorbası

Hazırlama süresi: 45 DK

Porsiyon: 4

Malzemeler:

- 3 su bardağı kemik suyu
- 4 ons ıspanak
- ½ soğan, doğranmış
- 1 su bardağı dilimlenmiş jambon
- ½ çay kaşığı zerdeçal
- ½ çay kaşığı sarımsak tozu
- ½ su bardağı kıyılmış kereviz
- 1 havuç, ince dilimlenmiş
- 1 çay kaşığı kekik
- 1 su bardağı karnabahar pilavı
- köfteler:
- 1/2 pound kıyma
- 1 yemek kaşığı badem unu
- ½ çay kaşığı kekik
- ½ çay kaşığı maydanoz
- ¼ çay kaşığı biber

talimatlar:

1. Köfte için tüm malzemeleri bir kapta karıştırın.

2. Köfte oluşturun.

3. Jambon hariç kalan tüm malzemeleri Instant Pot'a koyun ve birleştirmek için karıştırın.

4. Köfteleri ekleyip kapağını kapatın.

5. ÇORBA'da 30 dakika pişirin.

6. Basıncı doğal olarak serbest bırakın.

7. Jambonu karıştırın ve servis yapın.

8. Eğlence!

Porsiyon başına besin değerleri:

Kalori 180

Toplam yağ 8g

Net karbonhidratlar 4.7

Proteinler 22 gr

Lif: 3,5 gr

Öküz kuyruğu çorbası

Hazırlama süresi: 4 saat

Porsiyon: 8

Malzemeler:

- 3 ½ pound öküz kuyruğu
- 3 defne yaprağı
- 1 kereviz sapı, doğranmış
- 2 su bardağı yeşil fasulye
- 1 rutabaga, doğranmış
- 14 ons konserve domates, doğranmış
- ¼ fincan tereyağı
- 1 dal kekik
- 1 dal biberiye
- 2 pırasa, dilimlenmiş
- 2 ½ litre su
- 2 yemek kaşığı. Limon suyu
- ¼ çay kaşığı öğütülmüş karanfil
- Tatmak için biber ve tuz

talimatlar:

1. SAUTE'de IP'nizde ghee eritin.
2. Sığır kuyruğunu ekleyin ve kızarana kadar pişirin. Burada gruplar halinde çalışmanız gerekebilir.

3. Su ile kaplayın ve kekik, biberiye, defne yaprağı ve karanfil ekleyin.

4. 1 saat YÜKSEK pişirin.

5. Doğal bir basınç tahliyesi yapın.

6. Eti IP'den çıkarın ve bir kesme tahtası üzerinde kesin.

7. Rutabagaları ve pırasayı tencereye ekleyin ve kapağını kapatın.

8. 5 dakika boyunca YÜKSEK pişirin.

9. Kalan sebzeleri ekleyin ve 7 dakika daha pişirin.

10. Eti ekleyin ve tekrar kapatın.

11. 2 dakika boyunca YÜKSEK pişirin.

12. Limon suyuyla karıştırın ve tuz ve karabiber ekleyin.

13. Servis yapın ve tadını çıkarın!

Porsiyon başına besin değerleri:

Kalori 371

Toplam yağ 22 gr

Net Karbonhidrat 8.2g

Proteinler 33 gr

Lif: 2,7 gr

Taco ÇORBASI

Hazırlama süresi: 25 DK

Porsiyon: 8

Malzemeler:

- 1 pound öğütülmüş domuz eti
- 1 kilo kıyma
- 16 ons krem peynir
- 20 ons Ro-Tel doğranmış domates ve yeşil biber
- 2 yemek kaşığı. Taco Baharatı
- 4 su bardağı tavuk suyu
- 2 yemek kaşığı. Kişniş yaprakları (kıyılmış
- ½ su bardağı Monterey Jack (rendelenmiş

talimatlar:

1. Hazır Tencereyi "Güveç" konumuna getirin ve kıymayı içine koyun. Sık sık karıştırarak ve daha büyük parçaları kırarak tüm su buharlaşana kadar yaklaşık 10 dakika pişirin.

2. Krem peynir, Ro-Tel ve taco çeşnisini ekleyin ve birleştirmek için iyice karıştırın.

3. Kapağı yerleştirip kapatın ve pişirme süresini manuel olarak yüksek basınçta 15 dakikaya ayarlayın.

4. İşiniz bittiğinde, baskıyı hızla bırakın. Kişniş yapraklarını karıştırın.

5. Rendelenmiş Monterey Jack ile servis yapın.

Porsiyon başına besin değerleri:

Kalori: 547

Toplam yağ: 43 gr

Net Karbonhidrat: 4g

Protein: 33 gr

Elyaf: 1 gr

Sebze çorbası

Hazırlama süresi: 35 DK

Porsiyon: 12

ile malzemeler:

- 2 yemek kaşığı. Zeytin yağı
- 1 tatlı patates (küp şeklinde doğranmış
- 1 bardak havuç (doğranmış
- 2 sap kereviz (küp şeklinde doğranmış
- 2 orta boy kabak (küp şeklinde doğranmış
- 2 orta boy arpacık (doğranmış
- 2 diş sarımsak (kıyılmış
- 28 ons tavuk suyu
- 28 ons domates (doğranmış
- 1 su bardağı taze ıspanak (kıyılmış
- 2 defne yaprağı
- 2 yemek kaşığı kurutulmuş kekik
- 1 çay kaşığı kuru fesleğen
- 1 çay kaşığı kuru maydanoz
- ½ çay kaşığı acı biber
- ½ çay kaşığı tuz
- 1 çay kaşığı öğütülmüş karabiber
- 1½ lbs öğütülmüş domuz sosisi (pişmiş ve ufalanmış)

talimatlar:

1. Instant Pot'a zeytinyağı dökün. Ispanak hariç diğer tüm malzemeleri tencereye ekleyin ve birleştirmek için karıştırın.
2. Kapağı yerleştirip kilitleyin ve Hazır Tencereyi "Çorba" konumuna veya manuel olarak yüksek basınçta 30 dakika ayarlayın.
3. İşiniz bittiğinde, baskıyı hızla bırakın.
4. Defne yaprağını çıkarın ve ıspanağı tencereye ekleyin, karıştırın ve 2-3 dakika solana kadar bekletin.
5. Sıcak servis yapın.

Porsiyon başına besin değerleri:

Kalori: 254

Toplam yağ: 18 gr

Net Karbonhidrat: 8g

Protein: 11g

Elyaf: 2 gr

Hindistan cevizli domates çorbası

Hazırlama süresi: 10 DK

Porsiyon: 4

Malzemeler:

- 1 kutu hindistan cevizi sütü
- 1 orta boy kırmızı soğan (doğranmış
- 6 Roma domatesi (dörde bölünmüş
- ¼ bardak kişniş yaprağı (doğranmış
- 1 çay kaşığı sarımsak (kıyılmış
- 1 çay kaşığı zencefil (öğütülmüş
- 1 çay kaşığı tuz
- ½ çay kaşığı acı biber
- 1 çay kaşığı zerdeçal
- 1 yemek kaşığı Agave nektarı

talimatlar:

1. Tüm malzemeleri Instant Pot'a koyun ve birleştirmek için karıştırın.
2. Kapağı yerleştirip kilitleyin ve pişirme süresini manuel olarak yüksek basınçta 5 dakikaya ayarlayın.
3. Basıncın 10 dakika doğal olarak boşalmasına izin verin ve ardından hızla bırakın.
4. Çorbayı pürüzsüz olana kadar bir çubuk karıştırıcı ile karıştırın.

5. Sıcak servis yapın.

Porsiyon başına besin değerleri:

Kalori: 157

Toplam yağ: 12g

Net karbonhidrat: 10g

Proteinler: 2g

Elyaf: 2 gr

Kremalı tavuk çorbası

Hazırlama süresi: 10 DK

Porsiyon: 4

Malzemeler:

- 1 orta boy soğan
- 6 diş sarımsak
- 1 ons zencefil
- 1 bardak hindistan cevizi sütü
- 10 ons Ro-Tel konserve domates ve biber
- 1 yemek kaşığı Tavuk çorbası temel tozu
- 1 çay kaşığı öğütülmüş zerdeçal
- 1 lb kemiksiz tavuk uylukları (1½ inçlik parçalar halinde kesilmiş)
- 1½ su bardağı kereviz sapı (doğranmış)
- 2 su bardağı İsviçre pazı (doğranmış)

talimatlar:

1. Soğan, sarımsak, zencefil, domates ve kırmızı biber, zerdeçal, çorba sosu ve yarım bardak hindistan cevizi sütünü bir mutfak robotuna koyun ve pürüzsüz olana kadar karıştırın.

2. Instant Pot'a aktarın ve tavuğu, kereviz ve pazıyı ekleyin.

3. Kapağı yerleştirip kilitleyin ve pişirme süresini manuel olarak yüksek basınçta 5 dakikaya ayarlayın.

4. İşiniz bittiğinde, 10 dakika boyunca basıncın doğal olarak düşmesine izin verin ve ardından hızla bırakın.

5. Kalan yarım su bardağı hindistan cevizi sütünü ekleyin, karıştırın ve servis yapın.

Porsiyon başına besin değerleri:

Kalori: 405

Toplam yağ: 31 gr

Net Karbonhidrat: 9 gr

Protein: 21g

Elyaf: 2 gr

Jambon ve fasulye çorbası

Hazırlama süresi: 35 DK

Porsiyon: 6

Malzemeler:

- 1 su bardağı kuru siyah soya fasulyesi (geceden ıslatılmış ve süzülmüş
- 1 su bardağı kuru soğan (doğranmış
- 1 bardak kereviz sapı (doğranmış
- 4 diş sarımsak (kıyılmış
- 1 çay kaşığı kurutulmuş kekik
- 1 çay kaşığı tuz
- 1 çay kaşığı Cajun baharatı
- 1 çay kaşığı sıvı duman
- 2 çay kaşığı Tony Chachere'nin Çok Amaçlı Çeşnisi
- 1 çay kaşığı Louisiana acı sos
- 2 jambon dizleri
- 2 bardak jambon (doğranmış
- 2 bardak su

talimatlar:

1. Tüm malzemeleri Instant Pot'a koyun ve birleştirmek için karıştırın.

2. Kapağı yerleştirip kilitleyin ve pişirme süresini manuel olarak yüksek basınçta 30 dakikaya ayarlayın.

3. İşiniz bittiğinde, 10 dakika boyunca basıncın doğal olarak düşmesine izin verin ve ardından hızla bırakın.

4. Eti kemiklerinden çıkarın ve tüm eti kemikleri atarak doğrayın.

5. Birleştirmek için karıştırın ve sıcak servis yapın.

Porsiyon başına besin değerleri:

Kalori: 269

Toplam yağ: 14g

Net karbonhidrat: 10g

Protein: 21g

Elyaf: 3g

Tavuk mantar çorbası

Hazırlama süresi: 10 DK

Porsiyon: 4

Malzemeler:

- 1 orta boy soğan (ince kaburgalar halinde kesin
- 3 diş sarımsak (kıyılmış
- 2 su bardağı mantar (dilimlenmiş
- 1 küçük sarı kabak (dilimlenmiş
- 1 lb tavuk göğsü (derisiz, 2 inçlik parçalar halinde kesilmiş
- 2½ su bardağı tavuk suyu
- 1 çay kaşığı tuz
- 1 çay kaşığı öğütülmüş karabiber
- 1 çay kaşığı İtalyan baharatı

talimatlar:

1. Tüm malzemeleri Instant Pot'a yerleştirin.
2. Kapağı yerleştirip kilitleyin ve pişirme süresini manuel olarak yüksek basınçta 15 dakikaya ayarlayın.
3. İşiniz bittiğinde, 10 dakika boyunca basıncın doğal olarak düşmesine izin verin ve ardından hızla bırakın.
4. Tavuğu tencereden alın ve sebzeleri bir el blenderi ile kabaca püre haline getirin.
5. Tavuğu çatalla parçalayın ve tencereye geri koyun.

6. Birleştirmek ve servis yapmak için karıştırın.

Porsiyon başına besin değerleri:

Kalori: 289

Toplam yağ: 15g

Net Karbonhidrat: 8g

Protein: 30g

Elyaf: 1 gr

Tavuk Karalahana Çorbası

Hazırlama süresi: 5 DK

Porsiyon: 4

Malzemeler:

- 2 su bardağı tavuk göğsü (haşlanmış
- 12 ons lahana (dondurulmuş
- 1 orta boy soğan (küp şeklinde doğranmış
- 4 su bardağı tavuk suyu
- ½ çay kaşığı tarçın
- 1 tutam öğütülmüş karanfil
- 2 çay kaşığı sarımsak (kıyılmış
- 1 çay kaşığı öğütülmüş karabiber
- 1 çay kaşığı tuz

talimatlar:

1. Tüm malzemeleri Instant Pot'a yerleştirin.
2. Kapağı yerleştirip kilitleyin ve pişirme süresini manuel olarak yüksek basınçta 5 dakikaya ayarlayın.
3. İşiniz bittiğinde, 10 dakika boyunca basıncın doğal olarak düşmesine izin verin ve ardından hızla bırakın.
4. Baharatı gerektiği gibi ayarlayın ve sıcak servis yapın.

Porsiyon başına besin değerleri:

Kalori: 143

Toplam yağ: 2g

Net Karbonhidrat: 4g

Protein: 23 gr

Elyaf: 0g

Sosis ve lahana ile İtalyan çorbası

Hazırlama süresi: 5 DK

Porsiyon: 6

Malzemeler:

- 1 lbs Sıcak İtalyan Sosis Doldurma
- 1 su bardağı dilimlenmiş soğan
- 6 diş kıyılmış sarımsak
- 12 ons donmuş karnabahar
- 12 ons donmuş lahana
- 3 su bardağı su
- ½ fincan ağır krema
- ½ su bardağı rendelenmiş Parmesan

talimatlar:

1. Instant Pot'u "Sigara" olarak ayarlayın

2. Kaynatmak için düdüklü tencereyi açın. İtalyan sosis dolgusunu ekleyin ve parçaları parçalamak için sürekli karıştırarak 2 dakika hafifçe pişirin.

3. Soğan ve sarımsağı ekleyin ve birleştirmek için iyice karıştırın.

4. Karnabahar, lahana ve üç bardak su ekleyin.

5. Kapağı yerleştirip kilitleyin ve pişirme süresini manuel olarak yüksek basınçta 3 dakikaya ayarlayın.

6. İşiniz bittiğinde, basıncın doğal olarak serbest kalmasına izin verin ve ardından hızla bırakın.

7. Kremayı yavaşça karıştırın.

8. Parmesan peyniri serperek servis yapın.

Porsiyon başına besin değerleri:

Kalori: 400

Toplam yağ: 33g

Net Karbonhidrat: 7g

Protein: 16 gr

Elyaf: 1 gr

kereviz ile nohut çorbası

Hazırlama süresi: 6 DK

Porsiyon: 6

Malzemeler:

- 4 su bardağı pırasa (ince dilimlenmiş
- 1 bardak kereviz sapı (dilimlenmiş
- 15 ons nohut (konserve
- 8 su bardağı Gökkuşağı Pazı (doğranmış
- 1 yemek kaşığı Sarımsak (kıyılmış
- 1 çay kaşığı kurutulmuş kekik
- 1 çay kaşığı tuz
- 2 çay kaşığı öğütülmüş karabiber
- 2 su bardağı sebze suyu
- 2 su bardağı Straightneck Squash (1 inçlik küpler halinde kesilmiş)
- ¼ fincan maydanoz (doğranmış)
- 6 yemek kaşığı. Parmesan peyniri (rendelenmiş)

talimatlar:

1. Pırasa, kereviz, nohut, pazı, sarımsak, kekik, tuz, karabiber ve sebze suyunu Instant Pot'a koyun. Birleştirmek için karıştırın.
2. Kapağı yerleştirip kilitleyin ve pişirme süresini manuel olarak yüksek basınçta 3 dakikaya ayarlayın.

99

3. İşiniz bittiğinde, baskıyı hızla bırakın.

4. Instant Pot'u "Simmer" konumuna getirin ve kabağı ve maydanozu ekleyin. Birleştirmek için karıştırın ve 3 dakika daha pişirin.

5. Parmesan peyniri serperek servis yapın.

Porsiyon başına besin değerleri:

Kalori: 142

Toplam yağ: 14g

Net Karbonhidrat: 14g

Proteinler: 6 gr

Elyaf: 5 gr

Köfte peynir çorbası

Hazırlama süresi: 5-10 DK

Porsiyon: 12

Malzemeler:

- 1 kilo yağsız kıyma
- 1 yumurta
- ¼ fincan LC pane ve kabuk karışımı
- 1 çay kaşığı tuz
- 1 çay kaşığı kekik
- 1 yemek kaşığı kıyılmış maydanoz
- ½ çay kaşığı sarımsak tozu
- ½ çay kaşığı öğütülmüş karabiber
- stok için
- 2 su bardağı et suyu
- ½ orta boy yeşil biber, doğranmış
- ½ orta kırmızı biber, doğranmış
- 1 kereviz sapı, doğranmış
- ½ fincan kırmızı soğan, doğranmış
- 5 büyük mantar, doğranmış
- Çiğ sos:
- 4 yemek kaşığı su
- 4 yemek kaşığı Tam yağlı krema
- 4 yemek kaşığı tereyağı

- 8 dilim amerikan peyniri

talimatlar:

1. Sığır eti, yumurta, pane karışımı, tuz, kekik, maydanoz, sarımsak ve biberi bir kaseye koyun ve birleştirmek için iyice karıştırın. 2 inçlik toplar haline getirin ve bir kenara koyun.

2. Hazır Tencereye et suyu, yeşil ve kırmızı biber, kereviz, soğan ve mantarları koyun ve birleştirmek için karıştırın.

3. Köfteleri çorbaya koyun.

4. Kapağı yerleştirip kapatın ve pişirme süresini manuel olarak 10 dakikaya ayarlayın.

5. Zamanlayıcının bitmesine 3 dakika kala su, krema, tereyağı ve Amerikan peynirini mikrodalgaya dayanıklı bir kapta birleştirin.

6. Peynir sosunu mikrodalgada 2-3 dakika karışana kadar ısıtın ve her 30 saniyede bir karıştırın.

7. Basıncı hızla bırakın ve peynir sosuyla karıştırın.

8. Sıcak servis yapın.

Porsiyon başına besin değerleri:

Kalori: 419

Toplam yağ: 32g

Net Karbonhidrat: 3.7g

Protein: 27 gr

Elyaf: 2 gr

istiridye çorbası

Hazırlama süresi: 15 DK

Porsiyon: 8

Malzemeler:

- 16 dilim domuz pastırması, doğranmış
- 1 su bardağı kuru soğan (doğranmış
- 1 su bardağı doğranmış kereviz sapı
- 2 kutu Süslü Bütün Bebek İstiridye
- 2 su bardağı tavuk suyu
- 2 bardak ağır krema
- 1 çay kaşığı kekik
- 1 çay kaşığı tuz
- 1 çay kaşığı öğütülmüş karabiber

talimatlar:

1. Instant Pot'u "Güveç" olarak ayarlayın ve pastırmayı ekleyin. Gevrek olana kadar yaklaşık 6-7 dakika pişirin.
2. Soğanı ve kereviz ekleyin ve yumuşayıncaya kadar ara sıra karıştırarak yaklaşık 2-3 dakika kızartın.
3. Diğer tüm malzemeleri ekleyin ve birleştirmek için karıştırın.
4. Kapağı yerleştirip kilitleyin ve pişirme süresini manuel olarak yüksek basınçta 5 dakikaya ayarlayın.
5. İşiniz bittiğinde, baskıyı hızla bırakın.

6.   Sıcak servis yapın.

Porsiyon başına besin değerleri:

Kalori: 427

Toplam yağ: 33g

Net Karbonhidrat: 5g

Protein: 27 gr

Elyaf: 0g

Sosis pastırma ve mantar çorbası

Hazırlama süresi: 5-10 DK

Porsiyon: 14

Malzemeler:

- 4 su bardağı tavuk suyu
- 2 bardak ağır krema
- 2 su bardağı mantar (dilimlenmiş
- 2 bardak öğütülmüş sosis (pişmiş
- 6 dilim pastırma (kızarmış ve ufalanmış
- 1 bardak Daikon turp (doğranmış
- ½ su bardağı soğan (doğranmış
- ½ su bardağı kırmızı dolmalık biber (doğranmış
- ½ su bardağı parmesan
- 1 yemek kaşığı kurutulmuş maydanoz yaprağı
- 1 çay kaşığı sarımsak tozu
- 1 çay kaşığı tuz
- 1 çay kaşığı öğütülmüş karabiber
- ½ çay kaşığı kekik

talimatlar:

1. Tüm malzemeleri Instant Pot'a yerleştirin.
2. Kapağı yerleştirip kilitleyin ve pişirme süresini manuel olarak yüksek basınçta 5 dakikaya ayarlayın.
3. İşiniz bittiğinde, baskıyı hızla bırakın.
4. Sıcak servis yapın.

Porsiyon başına besin değerleri:

Kalori: 316

Toplam yağ: 33g

Net Karbonhidrat: 3g

Protein: 14 gr

Elyaf: 1 gr

hindi ve daikon çorbası

Hazırlama süresi: 5-10 DK

Porsiyon: 12

Malzemeler:

- 1 pound yağsız öğütülmüş hindi (pişmiş, süzülmüş ve parçalanmış
- 3 bardak Daikon turp (doğranmış
- 10 su bardağı tavuk suyu
- 2 bardak ağır krema
- 2 bardak mozzarella (rendelenmiş
- 4 su bardağı meze karışımı
- 1 yemek kaşığı kurutulmuş maydanoz yaprağı
- 1 yemek kaşığı kuru kişniş
- 1 çay kaşığı tuz
- 1 çay kaşığı öğütülmüş karabiber
- 1 çay kaşığı sarımsak tozu

talimatlar:

1. Tüm malzemeleri Instant Pot'a yerleştirin.
2. Kapağı yerleştirip kilitleyin ve pişirme süresini manuel olarak yüksek basınçta 5 dakikaya ayarlayın.
3. İşiniz bittiğinde, baskıyı hızla bırakın.
4. Sıcak servis yapın.

Porsiyon başına besin değerleri:

Kalori: 232

Toplam Yağ: 9.1g

Net Karbonhidrat: 5.1g

Protein: 13.2g

Lif: 2.4g

Domuz eti ve sebze çorbası tarifi

Hazırlama süresi:: 66 dakika

Yemekler: 8

Malzemeler:

- 2 lb otlatılmış domuz kemikleri
- 1/2 su bardağı havuç; kıyılmış
- 1/2 su bardağı kırmızı biber
- 1/2 çay kaşığı bütün karabiber
- 8 bardak su
- 1 çay kaşığı kurutulmuş defne yaprağı
- 1 dal taze maydanoz
- 1/2 su bardağı yeşil soğan; kıyılmış
- 1 sap kereviz; üçe bölünmüş
- 1 küçük soğan; soyulmamış ve ikiye bölünmüş
- 1 çay kaşığı koşer tuzu

talimatlar:

1. Instant Pot'a su dökün.
2. Tüm malzemeleri suya ekleyin. Instant Pot kapağını kapatın ve basınç tahliye kolunu *kapalı* konuma çevirin.
3. *Manuel* işlevini seçin; yüksek basınca ayarlayın ve zamanlayıcıyı 20 dakikaya ayarlayın

4. Bip sesi geldiğinde; 10 dakika boyunca *doğal buhar çıkışı* ve Instant Pot'un kapağını açın

5. Hazırlanan tabanı bir ağ süzgecinden geçirin ve katıları atın, yüzey yağını alın ve sıcak servis yapın.

tavuk çorbası tarifi

Hazırlama süresi: 66 dakika

Yemekler: 8

Malzemeler:

- 2½ lbs. tavuk karkası
- 1/2 çay kaşığı bütün karabiber
- 10 bardak su
- 1 dal taze maydanoz
- 1 sap kereviz; üçe bölünmüş
- 1 küçük soğan; soyulmamış ve ikiye bölünmüş
- 1 çay kaşığı kurutulmuş defne yaprağı
- 1 çay kaşığı koşer tuzu

1. Instant Pot'a su dökün.

2. Tüm malzemeleri suya ekleyin

3. Kapağı sabitleyin. Basınç tahliye kolunu *mühürlü* konuma çevirin.

4. *Manuel* işlevini seçin. Yüksek basınca ve süreye 60 dakikaya ayarlayın

5. Bip sesi geldiğinde; 10 dakika *doğal buhar çıkışı* yapın ve Instant Pot'un kapağını açın.

6. Hazırlanan tabanı bir ağ süzgecinden geçirin ve katıları atın, yüzey yağını alın ve sıcak servis yapın.

Kahverengi Sığır Çorbası Tarifi

Hazırlama süresi: 2 saat 11 dakika

Yemekler: 10

Malzemeler:

- 4 lb kemik sığır eti suyu
- 2 yemek kaşığı. zeytin yağı
- 1 yemek kaşığı elma sirkesi
- 1 dal taze maydanoz
- 1 sap kereviz; üçe bölünmüş
- 1 küçük soğan; soyulmamış ve ikiye bölünmüş
- 2 diş sarımsak; kıyılmış
- 1 çay kaşığı kurutulmuş defne yaprağı
- 1/2 çay kaşığı bütün karabiber
- 1 çay kaşığı koşer tuzu

talimatlar:

1. Fırın tepsisini zeytinyağı ile yağlayın ve üzerine dana kemiklerini yerleştirin.
2. Kemikleri 420 F fırında 30 dakika pişirin.Kemikleri ters çevirin ve 20 dakika daha pişirin.
3. Instant Pot'u en yüksek çizginin bir santimetre altına kadar suyla doldurun

4. Tüm malzemeler: kavrulmuş dana kemikleri ile birlikte suya ekleyin.

5. Kapağı sabitleyin. Basınç tahliye kolunu *mühürlü* konuma çevirin.

6. *Manuel* işlevini seçin; yüksek basınca ayarlayın ve süreyi 75 dakikaya ayarlayın

7. Bip sesi geldiğinde; 10 dakika *doğal buhar çıkışı* yapın ve Instant Pot'un kapağını açın.

8. Hazırlanan tabanı bir ağ süzgecinden geçirin ve katıları atın, yüzey yağını alın ve sıcak servis yapın.

Dana Biber Tarifi

Hazırlama süresi: 2 saat 11 dakika

Yemekler: 10

Malzemeler:

- 4 lb kemik sığır eti suyu
- 1 su bardağı kırmızı dolmalık biber
- 2 yemek kaşığı. zeytin yağı
- 2 diş sarımsak; kıyılmış
- 1/4 çay kaşığı kırmızı biber gevreği
- 1 sap kereviz; üçe bölünmüş
- 1 küçük soğan; soyulmamış ve ikiye bölünmüş
- 1/2 çay kaşığı bütün karabiber
- 1/4 çay kaşığı öğütülmüş zerdeçal
- 1 çay kaşığı koşer tuzu

talimatlar:

1. Fırın tepsisini zeytinyağı ile yağlayın ve üzerine dana kemiklerini yerleştirin.
2. Kemikleri 420 F fırında 30 dakika pişirin.Kemikleri ters çevirin ve 20 dakika daha pişirin.
3. Instant Pot'u en yüksek çizginin bir santimetre altına kadar suyla doldurun.

4. Kavrulmuş dana kemikleri dahil tüm malzemeler suya eklenir.

5. Kapağı sabitleyin. Basınç tahliye kolunu *mühürlü* konuma çevirin.

6. *Manuel* işlevini seçin; yüksek basınca ayarlayın ve süreyi 75 dakikaya ayarlayın

7. Bip sesi geldiğinde; 10 dakika *doğal buhar çıkışı* yapın ve Instant Pot'un kapağını açın.

8. Hazırlanan tabanı bir ağ süzgecinden geçirin ve katıları atın, yüzey yağını alın ve sıcak servis yapın.

Somon balık suyu tarifi

Hazırlama süresi: 59 dakika

Yemekler: 6

Malzemeler:

- 2 ila 2½ lbs arasında 2 somon balığı.

- 6 bardak soğuk su

- 1 bardak sek beyaz şarap

- 1 havuç; doğranmış

- 1 defne yaprağı

- 3 dal taze kekik

- 1 küçük soğan; dörde bölünmüş

- 2 diş sarımsak

- 5 karabiber

talimatlar:

1. Yağı ve somon başlarını Instant Pot'a koyun ve 5 dakika *kızartın*

2. Tencereye su dökün.

3. Kalan tüm malzemeleri suya ekleyin

4. Instant Pot kapağını kapatın ve basınç tahliye kolunu kapalı konuma çevirin.

5. *Manuel* işlevini seçin; yüksek basınca ayarlayın ve zamanlayıcıyı 48 dakikaya ayarlayın

6. Bip sesi geldiğinde; 10 dakika *doğal buhar çıkışı* yapın ve Instant Pot'un kapağını açın.

7. Hazırlanan tabanı bir ağ süzgecinden geçirin ve katıları atın, yüzey yağını alın ve sıcak servis yapın.

Fırında Domates Sosu Tarifi

Hazırlama süresi: 20 dakika

Yemekler: 4

Malzemeler:

- 28 veya konserve ürünleri; ateşte kavrulmuş, doğranmış domates
- 1 kırmızı soğan; kıyılmış
- adobo soslu 4 chipotle biber
- 2 çay kaşığı toz kimyon
- 4 çay kaşığı Meksika kırmızı biber tozu
- 4 çay kaşığı tuz
- 1 yeşil biber, doğranmış.
- 1 jalapeno biberi; dilimlenmiş
- 8 diş sarımsak

- 1 bardak su

1. Tüm malzemeleri Instant Pot'a koyun.

2. Instant Pot kapağını kapatın ve basınç tahliye kolunu *kapalı* konuma çevirin.

3. *Manuel* işlevini seçin; yüksek basınca ayarlayın ve zamanlayıcıyı 10 dakikaya ayarlayın

4. Bip sesi geldiğinde; *Buharı hızla bırakın* ve Instant Pot'un kapağını açın.

5. Sosu bir karıştırıcıya aktarın ve pürüzsüz olana kadar iyice karıştırın. Hemen kullanın veya daha sonra kullanmak üzere bir şişede saklayın.

Bitki bazlı tavuk tarifi

Hazırlama süresi: 66 dakika

Yemekler: 8

Malzemeler:

- 2½ lb tavuk (sadece kemikler)
- 1 küçük soğan; soyulmamış ve ikiye bölünmüş
- 1 çay kaşığı kurutulmuş defne yaprağı
- 1 dal taze maydanoz
- 1/2 çay kaşığı bütün karabiber
- 1/4 çay kaşığı kekik
- 1/4 çay kaşığı kuru fesleğen
- 8 bardak su

- 1 çay kaşığı deniz tuzu

1. Instant Pot'a su dökün.
2. Tüm malzemeleri suya koyun
3. Instant Pot kapağını kapatın ve basınç tahliye kolunu *kapalı* konuma çevirin.
4. *Manuel* işlevini seçin; yüksek basınca ayarlayın ve zamanlayıcıyı 60 dakikaya ayarlayın
5. Bip sesi geldiğinde; 10 dakika *doğal buhar çıkışı* yapın ve Instant Pot'un kapağını açın.
6. Hazırlanan tabanı bir ağ süzgecinden geçirin ve katıları atın, yüzey yağını alın ve sıcak servis yapın.

Kaju Sosu Tarifi

Hazırlama süresi: 15 dakika

Yemekler: 5

Malzemeler:

- 3/4 su bardağı Yukon Altın patates; soyulmuş ve dilimlenmiş.
- 1/4 beyaz soğan; soyulmuş ve dörde bölünmüş
- 1 diş sarımsak; soyulmuş
- 1/2 su bardağı havuç; soyulmuş ve dilimlenmiş
- 1 yemek kaşığı yumuşak beyaz miso
- 1/2 çay kaşığı füme veya tatlı kırmızı biber
- 1 yemek kaşığı limon suyu
- 1/4 su bardağı çiğ kaju fıstığı
- 1/4 su bardağı beslenme mayası
- 1 bardak su
- 1 yemek kaşığı elma sirkesi

- 1 çay kaşığı deniz tuzu

1. Tüm malzemeleri Instant Pot'a koyun

2. Instant Pot kapağını kapatın ve basınç tahliye kolunu *kapalı* konuma çevirin.

3. *Manuel* işlevini seçin; yüksek basınca ayarlayın ve zamanlayıcıyı 5 dakikaya ayarlayın

4. Bip sesi geldiğinde; *Buharı hızla bırakın* ve Instant Pot'un kapağını açın.

5. Sosu bir karıştırıcıya aktarın ve pürüzsüz olana kadar iyice karıştırın. Hemen kullanın veya daha sonra kullanmak üzere bir şişede saklayın.

Tunuslu nohut çorbası tarifi

Hazırlama süresi: 30 dakika

Yemekler: 8

Malzemeler:

- 1 su bardağı havuç; doğranmış
- 2 su bardağı nohut; durulayın ve boşaltın
- 1/2 çay kaşığı elma sirkesi
- 1 yemek kaşığı kekik yaprağı
- 1/2 çay kaşığı kırmızı biber gevreği
- 1/2 su bardağı yeşil soğan; kıyılmış
- 1 çay kaşığı kurutulmuş defne yaprağı
- 8 bardak su

- 1 çay kaşığı koşer tuzu

talimatlar:

1. Instant Pot'a su dökün.

2. Tüm malzemeleri suya koyun. Instant Pot kapağını kapatın ve basınç tahliye kolunu *kapalı* konuma çevirin.

3. *Manuel* işlevini seçin. Yüksek basınca ayarlayın ve zamanlayıcıyı 20 dakikaya ayarlayın

4. Bip sesi geldiğinde; 10 dakika *doğal buhar çıkışı* yapın ve Instant Pot'un kapağını açın.

5. Hazırlanan tabanı bir ağ süzgecinden geçirin ve katıları atın. Sıcak servis yapın.

Marinara Sos tarifi

Hazırlama süresi: 26 dakika

Yemekler: 6

Malzemeler:

- 2 diş sarımsak; zemin
- 2 küçük soğan; kıyılmış
- 2 havuç; doğranmış
- 4 kutu domates; doğranmış
- 2 yemek kaşığı. tereyağı; tuzsuz
- 4 yemek kaşığı zeytin yağı
- 3 çay kaşığı kuru fesleğen
- 3 çay kaşığı kurutulmuş kekik
- Maydanoz; taze
- 1½ çay kaşığı deniz tuzu

- tatmak için taze çekilmiş karabiber

1. Hazır tencereye yağı dökün ve *Kaynatma* işlevini seçin.

2. Tüm sebzeleri yağa koyun ve 5 dakika karıştırarak kızartın.

3. Şimdi kalan tüm malzemeleri (tereyağı ve karabiber hariç) Instant Pot'a koyun.

4. Instant Pot kapağını kapatın ve basınç tahliye kolunu *kapalı* konuma çevirin.

5. *Manuel* işlevini seçin, yüksek basınca ayarlayın ve zamanlayıcıyı 10 dakikaya ayarlayın

6. Bip sesi geldiğinde; *Buharı hızla bırakın* ve Instant Pot'un kapağını açın.

7. Sosu pürüzsüz bir macun haline getirmek için bir daldırma blender kullanın

8. Tereyağı ve karabiberi ekleyip 1 dakika *Güveç* fonksiyonunda pişirin. İyice karıştırın ve makarna ile servis yapın.

Tavuk Karalahana Tarifi

Hazırlama süresi: 66 dakika

Yemekler: 8

Malzemeler:

- 2½ pound tavuk (sadece kemikler
- 1 küçük soğan; soyulmamış ve ikiye bölünmüş
- 1 çay kaşığı kurutulmuş defne yaprağı
- 1 sap kereviz; üçe bölünmüş
- 1 dal taze lahana
- 8 bardak su
- Tatmak için tuz ve karabiber

talimatlar:

1. Instant Pot'a su dökün.
2. Tüm malzemeleri suya koyun. Instant Pot kapağını kapatın ve basınç tahliye kolunu *kapalı* konuma çevirin.
3. *Manuel* işlevini seçin; yüksek basınca ayarlayın ve zamanlayıcıyı 60 dakikaya ayarlayın
4. Bip sesi geldiğinde; 10 dakika *doğal buhar çıkışı* yapın ve Instant Pot'un kapağını açın.
5. Hazırlanan tabanı bir ağ süzgecinden geçirin ve katıları atın, yüzey yağını alın ve sıcak servis yapın.

Tatlı karamel sosu tarifi

Hazırlama süresi: 60 dakika

Yemekler: 4

Malzemeler:

- 2 (14 oz. kutu şekerli yoğunlaştırılmış süt
- 6 (3 veya konserve kavanozu
- 1 bardak su

talimatlar:

1. Instant Pot'a bir bardak su dökün ve tabanı içine yerleştirin.

2. Yoğunlaştırılmış sütü konserve kavanozlarına dökün, kavanozları bir stand üzerine yerleştirin.

3. Instant Pot kapağını kapatın ve basınç tahliye kolunu *kapalı* konuma çevirin.

4. *Manuel* işlevini seçin; yüksek basınca ayarlayın ve zamanlayıcıyı 50 dakikaya ayarlayın

5. Bip sesi geldiğinde; *Buharı hızla bırakın* ve Instant Pot'un kapağını açın. Her kavanozu karıştırın ve daha sonra kullanmak üzere soğutun.

Sarımsak sosu için süper hızlı bir tarif

Hazırlama süresi: 8 dakika

Yemekler: 2

Malzemeler:

- 1 su bardağı su; (aşağıdaki Hazırlık bölümünde açıklandığı şekilde bölünmüştür)
- 4 yemek kaşığı Kıyılmış sarımsak
- 2 yemek kaşığı. kıyılmış taze maydanoz
- 4 yemek kaşığı Mısır nişastası
- 2 çay kaşığı sarımsak tozu
- 4 bardak ağır krema
- Tatmak için biber ve tuz

talimatlar:

1. Hazır tencereye suyun yarısını, sarımsağı, sarımsak tozunu, kremayı, tuzu ve karabiberi ekleyin.
2. Instant Pot kapağını kapatın ve basınç tahliye kolunu *kapalı* konuma çevirin.
3. *Manuel* işlevini seçin; yüksek basınca ayarlayın ve zamanlayıcıyı 3 dakikaya ayarlayın
4. Bip sesi geldiğinde; *Buharı hızla bırakın* ve Instant Pot'un kapağını açın.

5. Mısır nişastasını kalan suyla karıştırın. Bu karışımı sarımsaklı sosa ekleyin, maydanozla karıştırın ve servis yapın.

sos tarifi

Hazırlama süresi: 15 dakika

Yemekler: 6

Malzemeler:

- 1/4 kaşık Karabiber; taze çekilmiş
- 1/4 yemek kaşığı soğan tozu
- 2½ yemek kaşığı. Beyaz şeker
- 1/2 veya limon suyu
- 1/2 veya Worcestershire sos
- 2 veya elma sirkesi
- 1/4 yemek kaşığı kuru hardal tozu
- 8 veya Heinz ketçap
- 2½ yemek kaşığı. esmer şeker
- 1/2 veya Hafif mısır şurubu
- 1/2 çay kaşığı ovmak
- 4 veya su

1. Tüm malzemeleri Instant Pot'a koyun
2. Instant Pot kapağını kapatın ve basınç tahliye kolunu *kapalı* konuma çevirin.
3. *Manuel* işlevini seçin; yüksek basınca ayarlayın ve süreyi 5 dakikaya ayarlayın
4. Bip sesi geldiğinde; 10 dakika *doğal buhar çıkışı* yapın ve Instant Pot'un kapağını açın. Hemen kullanın veya daha sonra kullanmak üzere bir şişede saklayın.

tavuklu mantar çorbası tarifi

Hazırlama süresi: 66 dakika

Yemekler: 8

Malzemeler:

- 1 su bardağı cremini mantarı; doğranmış
- 2½ pound tavuk (sadece kemikler
- 1 çay kaşığı kurutulmuş defne yaprağı
- 1/2 çay kaşığı beyaz biber
- 8 bardak su
- 1/2 çay kaşığı bütün karabiber
- 1 pırasa; ince doğranmış.
- 1 küçük soğan; soyulmamış ve ikiye bölünmüş
- 1 çay kaşığı koşer tuzu

talimatlar:

1. Instant Pot'a su dökün.

2. Tüm malzemeleri suya koyun

3. Instant Pot kapağını kapatın ve basınç tahliye kolunu *kapalı* konuma çevirin.

4. *Manuel* işlevini seçin, yüksek basıncı ayarlayın ve zamanlayıcıyı 60 dakikaya ayarlayın

5. Bip sesi geldiğinde; 10 dakika boyunca *doğal buhar çıkışı* ve Instant Pot'un kapağını açın

6. Hazırlanan tabanı bir ağ süzgecinden geçirin ve katıları atın, yüzey yağını alın ve sıcak servis yapın.

Deniz düğmesi stoğu tarifi

Hazırlama süresi: 66 dakika

Yemekler: 8

Malzemeler:

- 1/2 lb yengeç kabukları
- 1/2 lb karides kabukları
- 6 bardak soğuk su
- 1 bardak sek beyaz şarap
- 1 küçük soğan; dörde bölünmüş
- 1 baş somon
- 1 defne yaprağı
- 3 dal taze kekik
- 5 karabiber
- 2 diş sarımsak
- 1 havuç; doğranmış

1. Yağlı somon kafasını, yengeç kabuklarını ve karides kabuklarını Instant Pot'a koyun ve 5 dakika *kızartın*.

2. Instant Pot'a su dökün.

3. Kalan tüm malzemeleri suya ekleyin.

4. Instant Pot kapağını kapatın ve basınç tahliye kolunu *kapalı* konuma çevirin.

5. *Manuel* işlevini seçin, yüksek basınca ayarlayın ve zamanlayıcıyı 48 dakikaya ayarlayın

6. Bip sesi geldiğinde; 10 dakika *doğal buhar çıkışı* yapın ve Instant Pot'un kapağını açın.

7. Hazırlanan tabanı bir ağ süzgecinden geçirin ve katıları atın, yüzey yağını alın ve sıcak servis yapın.

Domates ve yengeç tarifi

Hazırlama süresi: 1 saat 30 dakika

Yemekler: 8

Malzemeler:

- 2 kilo yengeç kabuğu
- 2 yemek kaşığı. domates püresi
- 1 soğan; kaba doğrama - derisi açık
- 4 diş sarımsak
- 1 çay kaşığı karabiber
- 1 çay kaşığı maydanoz gevreği
- 2 defne yaprağı
- 1 su bardağı havuç; kaba doğrama
- 2 sap kereviz; kaba doğrama
- 4 dal taze kekik
- 10 bardak su

1. Yengeç kabuklarını ve sebzeleri Instant Pot'a koyun ve 5 dakika *kaynatın*

2. Instant Pot'a su dökün.

3. Kalan tüm malzemeleri suya ekleyin.

4. Instant Pot kapağını kapatın ve basınç tahliye kolunu *kapalı* konuma çevirin.

5. *Manuel* işlevini seçin, yüksek basınca ayarlayın ve zamanlayıcıyı 80 dakikaya ayarlayın

6. Bip sesi geldiğinde; 10 dakika *doğal buhar çıkışı* yapın ve Instant Pot'un kapağını açın.

7. Hazırlanan tabanı bir ağ süzgecinden geçirin ve katıları atın. Sert

balık hamsi stok tarifi

Hazırlama süresi: 25 dakika

Yemekler: 8

Malzemeler:

- 2 veya kurutulmuş hamsi
- 1/2 çay kaşığı bütün karabiber
- 8 bardak su
- 1 sap kereviz; üçe bölünmüş
- 6 küçük parça kombu
- 1 çay kaşığı koşer tuzu

talimatlar:

1. Instant Pot'a su dökün.
2. Tüm malzemeleri suya koyun.
3. Instant Pot kapağını kapatın ve basınç tahliye kolunu *kapalı* konuma çevirin.
4. *Manuel* işlevini seçin. Yüksek basınca ayarlayın ve zamanlayıcıyı 20 dakikaya ayarlayın
5. Bip sesi geldiğinde; 10 dakika *doğal buhar çıkışı* yapın ve Instant Pot'un kapağını açın.
6. Hazırlanan tabanı bir ağ süzgecinden geçirin ve katıları atın, yüzey yağını alın ve sıcak servis yapın.

Fesleğenli domates sosu tarifi

Hazırlama süresi: 20 dakika

Yemekler: 8

Malzemeler:

- 8 lb Roma domatesi; doğranmış
- 1 su bardağı kıyılmış taze fesleğen
- 2 yemek kaşığı. tuz
- 1 yemek kaşığı biber
- 1 yemek kaşığı sarımsak tozu
- 3 yemek kaşığı. İtalyan baharatı
- 4 yemek kaşığı zeytin yağı
- 1/2 diş sarımsak; zemin
- 2 soğan; doğranmış
- 1/2 çay kaşığı ezilmiş kırmızı biber
- 2 defne yaprağı

talimatlar:

1. Hazır tencereye yağı dökün ve *Kaynatma* işlevini seçin.

2. Yağa sarımsak ve soğan ekleyin ve karıştırarak 5 dakika kızartın

3. Şimdi kalan tüm malzemeleri ekleyin; Instant Pot'taki fesleğen hariç.

4. Instant Pot kapağını kapatın ve basınç tahliye kolunu *kapalı* konuma çevirin.

5. *Manuel* işlevini seçin; yüksek basınca ayarlayın ve zamanlayıcıyı 10 dakikaya ayarlayın

6. Bip sesi geldiğinde; *Buharı hızla bırakın* ve Instant Pot'un kapağını açın.

7. İyice karıştırın; defne yaprağını çıkarın ve fesleğeni sosa ekleyin, servis yapın

barbekü sosu tarifi

Hazırlama süresi: 23 dakika

Yemekler: 5

Malzemeler:

- 2 yemek kaşığı. Susam yağı
- 2 çay kaşığı acı sos
- 2 orta boy soğan; kabaca kıyılmış.
- 1/2 su bardağı beyaz sirke
- 1 çay kaşığı granül sarımsak
- 2 çay kaşığı sıvı duman
- 1/4 çay kaşığı öğütülmüş bakla
- 1/4 çay kaşığı kimyon tozu
- 1 su bardağı domates püresi
- 1 bardak su
- 1/2 su bardağı bal
- 1½ su bardağı çekirdeksiz kuru erik
- 2 çay kaşığı deniz tuzu

talimatlar:

1. Instant tencereye yağı, soğanı ve sarımsağı koyup 3 dakika *kızartın*,
2. Tüm malzemeleri karıştırın ve iyice karıştırın
3. Instant Pot kapağını kapatın ve basınç tahliye kolunu *kapalı* konuma çevirin.

4. *Manuel* işlevini seçin, yüksek basınca ayarlayın ve zamanlayıcıyı 10 dakikaya ayarlayın

5. Bip sesi geldiğinde; *Buharı hızla bırakın* ve Instant Pot'un kapağını açın.

6. Sosu bir karıştırıcıya aktarın ve pürüzsüz olana kadar iyice karıştırın. Hemen kullanın veya daha sonra kullanmak üzere bir şişede saklayın.

Mantar ve mısır bazlı tarif

Hazırlama süresi: 20 dakika

Yemekler: 8

Malzemeler:

- 4 büyük mantar; doğranmış
- 2 koçan mısır
- 1 sap kereviz; üçe bölünmüş
- 1 çay kaşığı zencefil; rendelenmiş
- 8 bardak su
- 1 dal taze maydanoz
- 1/2 çay kaşığı bütün karabiber
- 1 küçük soğan; soyulmamış ve ikiye bölünmüş
- 1 çay kaşığı kurutulmuş defne yaprağı
- 1/2 çay kaşığı öğütülmüş zerdeçal
- 1 çay kaşığı koşer tuzu

1. Instant Pot'a su dökün.

2. Tüm malzemeleri suya ekleyin

3. Instant Pot kapağını kapatın ve basınç tahliye kolunu *kapalı* konuma çevirin.

4. *Manuel* işlevini seçin ve yüksek basınca ayarlayın, süreyi 15 dakikaya ayarlayın

5. Bip sesi geldiğinde; 10 dakika *doğal buhar çıkışı* yapın ve Instant Pot'un kapağını açın.

6. Hazırlanan tabanı bir ağ süzgecinden geçirin ve katıları atın. Sıcak servis yapın.

Portakallı Ahududulu Sos

Yemekler: 30

Pişirme süresi: 5 dakika

Malzemeler:

- 12 ons kızılcık
- ½ çay kaşığı portakal kabuğu
- 1 su bardağı şeker
- 1 bardak portakal suyu

talimatlar:

1. Tüm malzemeleri Instant Pot'a ekleyin ve iyice karıştırın.
2. Tencereyi bir kapakla kapatın ve 5 dakika yüksekte pişirin.
3. Hızlı bırakma yöntemini kullanarak basıncı boşaltın ve ardından kapağı açın.
4. Tamamen soğumaya bırakın, ardından saklayın.
5. Porsiyon başına besin değerleri:
6. Kalori: 35; Karbonhidratlar: 8,6 gr; Protein: 0.1g; Yağ: 0 gr; Şeker: 7.8g; Sodyum: 0 mg

elma kızılcık sosu

Yemekler: 8

Pişirme süresi: 10 dakika

Malzemeler:

- 1 elma, soyulmuş, özlü ve dilimlenmiş
- ½ bardak akçaağaç şurubu
- ½ su bardağı elma sirkesi
- 1 portakal kabuğu
- 1 portakal suyu
- 12 ons taze kızılcık, yıkanmış

talimatlar:

1. Tüm malzemeleri Instant Pot'a ekleyin ve iyice karıştırın.
2. Tencereyi bir kapakla kapatın ve 5 dakika yüksekte pişirin.
3. Basıncın 5 dakika doğal olarak serbest kalmasına izin verin, ardından hızlı serbest bırakma yöntemini kullanarak serbest bırakın.
4. Tamamen soğumaya bırakın ve saklayın.

Porsiyon başına besin değerleri:

Kalori: 101; Karbonhidratlar: 23,9 gr; Protein: 0.2g; Yağ: 0.1g; Şeker: 18.8g; Sodyum: 3 mg

Biberiye Kızılcık Elma Püresi

Yemekler: 16

Pişirme süresi: 5 dakika

Malzemeler:

- 2 lb elma, özlü ve doğranmış
- 2 yemek kaşığı akçaağaç şurubu
- 1 dal taze biberiye
- 1 su bardağı elma sirkesi
- 12 ons kızılcık

talimatlar:

1. Tüm malzemeleri Instant Pot'a ekleyin ve iyice karıştırın.
2. Tencereyi bir kapakla kapatın ve 5 dakika yüksekte pişirin.
3. Hızlı bırakma yöntemini kullanarak basıncı boşaltın ve ardından kapağı açın.
4. Biberiyeyi sostan çıkarın ve istediğiniz kıvamı elde edene kadar bir ezici ile ezin.
5. Tamamen soğumaya bırakın, ardından saklayın.

Porsiyon başına besin değerleri:

Kalori: 40; Karbonhidratlar: 9.3 gr; Protein: 0.1g; Yağ: 0.1g; Şeker: 6.9g; Sodyum: 1 mg

Elma ve çilek sosu

Yemekler: 15

Pişirme süresi: 19 dakika

Malzemeler:

- 6 elma, soyulmuş, özlü ve doğranmış
- ¼ su bardağı şeker
- 1 armut, soyulmuş, özlü ve doğranmış
- 2 yemek kaşığı taze limon suyu
- ¼ çay kaşığı tarçın
- 2 su bardağı çilek

talimatlar:

1. Tüm malzemeleri Instant Pot'a ekleyin ve iyice karıştırın.
2. Tencereyi bir kapakla kapatın ve 4 dakika yüksekte pişirin.
3. Basıncın 15 dakika doğal olarak serbest kalmasına izin verin, ardından hızlı serbest bırakma yöntemini kullanarak serbest bırakın.
4. Sosu istediğiniz kıvama gelene kadar blender ile püre haline getirin.
5. Tamamen soğumaya bırakın ve saklayın.

Porsiyon başına besin değerleri:

Kalori: 71; Karbonhidratlar: 18.6 gr; Protein: 0.4 gr; Yağ: 0.3g;
Şeker: 14.5 gr; Sodyum: 2 mg

Kabak Elma Tarçın Sos

Yemekler: 8

Pişirme süresi: 10 dakika

Malzemeler:

- 2 ½ pound elma, soyulmuş, özlü ve doğranmış
- 2/3 su bardağı su
- 2 ½ yemek kaşığı esmer şeker
- 1 ½ çay kaşığı tarçın
- 2/3 su bardağı kabak püresi

talimatlar:

1. Tüm malzemeleri Instant Pot'a ekleyin ve iyice karıştırın.
2. Tencereyi bir kapakla kapatın ve 5 dakika yüksekte pişirin.
3. Basıncın 5 dakika doğal olarak serbest kalmasına izin verin, ardından hızlı serbest bırakma yöntemini kullanarak serbest bırakın.
4. Tamamen soğumaya bırakın ve bir bardağa aktarın.
5. Buzdolabında saklayın.

Porsiyon başına besin değerleri:

Kalori: 55; Karbonhidratlar: 14.4 gr; Protein: 0.4 gr; Yağ: 0.2g; Şeker: 10.7g; Sodyum: 3 mg

Tavuk kemiği çorbası

Yemekler: 4

Pişirme süresi: 70 dakika

Malzemeler:

- 1 tavuk kemiği
- 6 su bardağı su
- ¼ fincan elma sirkesi
- 1 yemek kaşığı deniz tuzu

talimatlar:

1. Tüm malzemeleri Instant Pot'a ekleyin.
2. Tencereyi bir kapakla kapatın ve manuel modda 60 dakika pişirin.
3. Basıncın 10 dakika doğal olarak serbest kalmasına izin verin, ardından hızlı bırakma yöntemini kullanarak serbest bırakın.
4. Çorbayı süzün ve saklayın.

Porsiyon başına besin değerleri:

Kalori: 38; Karbonhidratlar: 0.9g; Protein: 4.9 gr; Yağ: 1.4g; Şeker: 0.7g; Sodyum: 763 mg

Türk stokunun kalıntıları

Yemekler: 4

Pişirme süresi: 70 dakika

Malzemeler:

- 1 lb artık hindi karkası
- 6 su bardağı su
- 2 diş sarımsak
- 1 su bardağı dilimlenmiş havuç
- 1 bardak kereviz, dilimlenmiş
- 1 su bardağı doğranmış soğan

talimatlar:

1. Tüm malzemeleri Instant Pot'a ekleyin.
2. Tencereyi bir kapakla kapatın ve manuel modda 60 dakika pişirin.
3. Basıncın 10 dakika doğal olarak serbest kalmasına izin verin, ardından hızlı bırakma yöntemini kullanarak serbest bırakın.
4. Stoğu süzün ve saklayın.

Porsiyon başına besin değerleri:

Kalori: 10; Karbonhidratlar: 0.9g; Protein: 2g; Yağ: 0 gr; Şeker: 0.9g; Sodyum: 990 mg

Bolonez Sosu

Yemekler: 4

Pişirme süresi: 8 dakika

Malzemeler:

- 1 lb kıyma
- 1 ½ çay kaşığı sarımsak, kıyılmış
- 3 yemek kaşığı kıyılmış taze maydanoz
- 14 ons marinara sosu

talimatlar:

1. Tüm malzemeleri Instant Pot'a ekleyin ve iyice karıştırın.
2. Tencereyi bir kapakla kapatın ve 8 dakika yüksekte pişirin.
3. Hızlı bırakma yöntemini kullanarak basıncı boşaltın ve ardından kapağı açın.
4. İyice karıştırın ve servis yapın.

Porsiyon başına besin değerleri:

Kalori: 300; Karbonhidratlar: 14.2 gr; Protein: 36.3 gr; Yağ: 9.8g; Şeker: 8.8g; Sodyum: 483 mg

Baharatlı sığır çorbası

Yemekler: 6

Pişirme süresi: 45 dakika

Malzemeler:

- 2 kilo dana kemiği
- ½ çay kaşığı kırmızı biber
- 2 çay kaşığı biber
- 3 yemek kaşığı kırmızı şarap sirkesi
- ¼ bardak doğranmış soğan
- ¼ bardak kereviz, doğranmış
- ¼ fincan kıyılmış kereviz sapları
- 3 diş sarımsak
- 3 acı biber
- 1 çay kaşığı tuz

1. Tüm malzemeleri tencereye ekleyin ve üzerini yeterince su ile kapatın.
2. Tencereyi bir kapakla kapatın ve 35 dakika yüksekte pişirin.
3. Basıncın 10 dakika doğal olarak serbest kalmasına izin verin, ardından hızlı bırakma yöntemini kullanarak serbest bırakın.
4. Stoğu süzün ve kaydedin.

Porsiyon başına besin değerleri:

Kalori: 17; Karbonhidratlar: 1.7 gr; Protein: 2g; Yağ: 0.4g; Şeker: 0.6g; Sodyum: 396 mg

Tavuk Kekik Suyu

Yemekler: 4

Pişirme süresi: 35 dakika

Malzemeler:

- 2 kg tavuk gerdanı
- 1 çay kaşığı karabiber
- 1 çay kaşığı kuru kekik
- ½ su bardağı taze maydanoz, kıyılmış
- 2 tavuk budu
- 2 çay kaşığı deniz tuzu

talimatlar:

1. Tüm malzemeleri tencereye ekleyin ve üzerini yeterince su ile kapatın.
2. Tencereyi bir kapakla kapatın ve 25 dakika yüksekte pişirin.
3. Basıncın 10 dakika doğal olarak serbest kalmasına izin verin, ardından hızlı bırakma yöntemini kullanarak serbest bırakın.
4. Stoğu süzün ve kaydedin.

Porsiyon başına besin değerleri:

Kalori: 12; Karbonhidratlar: 1 gr; Protein: 0.8 gr; Yağ: 0.6g; Şeker: 0.1g; Sodyum: 941 mg

Baharatlı kuzu suyu

Yemekler: 5

Pişirme süresi: 6 saat 10 dakika

Malzemeler:

- 2 kilo kuzu kemiği
- ½ çay kaşığı beyaz biber
- 1 çay kaşığı kırmızı biber
- 2 çay kaşığı toz biber
- ¼ bardak kırmızı şarap sirkesi
- ¼ bardak kereviz, doğranmış
- 5 diş sarımsak
- 1 soğan, dilimlenmiş
- 1 çay kaşığı tuz

talimatlar:

1. Tüm malzemeleri Instant Pot'a ekleyin ve üzerini yeterince su ile kapatın.

2. Tencereyi bir kapakla kapatın ve yavaş pişirici modunda 6 saat pişirin.

3. Basıncın 10 dakika doğal olarak serbest kalmasına izin verin, ardından hızlı bırakma yöntemini kullanarak serbest bırakın.

4. Stoğu süzün ve kaydedin.

Porsiyon başına besin değerleri:

Kalori: 24; Karbonhidratlar: 4.2 gr; Protein: 2.5g; Yağ: 0.7g; Şeker: 1,2 gr; Sodyum: 620 mg

Klasik et çorbası

Yemekler: 4

Pişirme süresi: 45 dakika

Malzemeler:

- 2 kilo dana kemiği
- ½ çay kaşığı kuru fesleğen
- 1 çay kaşığı karabiber
- 4 diş sarımsak
- ½ su bardağı kıyılmış kereviz sapı
- 2 yemek kaşığı kırmızı şarap sirkesi
- 1 çay kaşığı deniz tuzu

talimatlar:

1. Tüm malzemeleri Instant Pot'a ekleyin ve üzerini yeterince su ile kapatın.
2. Tencereyi bir kapakla kapatın ve 35 dakika yüksekte pişirin.
3. Basıncın 10 dakika doğal olarak serbest kalmasına izin verin, ardından hızlı bırakma yöntemini kullanarak serbest bırakın.
4. Stoğu süzün ve kaydedin.

Porsiyon başına besin değerleri:

Kalori: 18; Karbonhidratlar: 1,8 gr; Protein: 2.3g; Yağ: 0.4g; Şeker: 0,2 gr; Sodyum: 479 mg

kereviz kuzu

Yemekler: 4

Pişirme süresi: 15 dakika

Malzemeler:

- 2 kilo kuzu kemiği
- 1 çay kaşığı kuru kekik
- 2 yemek kaşığı elma sirkesi
- ½ bardak kereviz yaprağı
- 2 kereviz sapı, doğranmış
- 2 soğan, dilimlenmiş
- 1 çay kaşığı tuz

talimatlar:

1. Tüm malzemeleri Instant Pot'a ekleyin ve üzerini yeterince su ile kapatın.
2. Tencereyi bir kapakla kapatın ve 15 dakika yüksek ateşte pişirin.
3. Hızlı bırakma yöntemini kullanarak basıncı boşaltın ve ardından kapağı açın.
4. Stoğu süzün ve kaydedin.

Porsiyon başına besin değerleri:

Kalori: 42; Karbonhidratlar: 6g; Protein: 3.4 gr; Yağ: 0.6g; Şeker: 2.6 gr; Sodyum: 773 mg

Tereyağlı peynir sosu

Yemekler: 8

Pişirme süresi: 8 dakika

Malzemeler:

- 1/3 su bardağı tereyağı
- ¼ çay kaşığı kuru fesleğen
- 1 çay kaşığı kırmızı biber gevreği
- 1 su bardağı sebze suyu
- 2 diş sarımsak, ezilmiş
- ¼ fincan kıyılmış taze maydanoz
- 2 yemek kaşığı rendelenmiş parmesan peyniri
- 1 su bardağı süzme peynir
- 2 su bardağı krem peynir
- ½ çay kaşığı tuz

talimatlar:

1. Instant Pot'a tereyağı, fesleğen, kırmızı pul biber ve tuzu ekleyin ve tencereyi kaynamaya ayarlayın.
2. Tereyağı eriyince salçayı ekleyin ve bir dakika kavurun.
3. Parmesan, süzme peynir ve krem peyniri ekleyin ve 2 dakika pişirin.
4. Maydanoz ve tabanı ekleyin. İyice karıştırın. Tencereyi bir kapakla kapatın ve manuel modda 6 dakika pişirin.

5. Hızlı bırakma yöntemini kullanarak basıncı boşaltın ve ardından kapağı açın.

6. Sos tamamen soğuduğunda bir kavanozda saklayın.

Porsiyon başına besin değerleri:

Kalori: 308; Karbonhidratlar: 3,2 gr; Protein: 9.2g; Yağ: 29.3g; Şeker: 0,5 gr; Sodyum: 617 mg

Peynirli soğan sosu

Yemekler: 5

Pişirme süresi: 35 dakika

Malzemeler:

- 1 soğan, doğranmış
- 2 yemek kaşığı kuru maydanoz
- 1 çay kaşığı soğan tozu
- 2 yemek kaşığı zeytinyağı
- 1 su bardağı sebze suyu
- 2 su bardağı krem peynir

talimatlar:

1. Instant Pot'a yağ ekleyin ve tencereyi kaynamaya ayarlayın.
2. Soğanı ekleyin ve 10 dakika kızartın.
3. Kalan malzemeleri ekleyin ve iyice karıştırın.
4. Tencereyi bir kapakla kapatın ve manuel modda 15 dakika pişirin.
5. Basıncın 10 dakika doğal olarak serbest kalmasına izin verin, ardından hızlı bırakma yöntemini kullanarak serbest bırakın.
6. Tamamen soğumaya bırakın, ardından saklayın.

Porsiyon başına besin değerleri:

Kalori: 385; Karbonhidratlar: 5.3 gr; Protein: 7.3 gr; Yağ: 3804 gr; Şeker: 1.7g; Sodyum: 420 mg

Enchilada Sos

Yemekler: 8

Pişirme süresi: 20 dakika

Malzemeler:

- 14 oz doğranmış kavrulmuş domates konservesi
- ½ su bardağı su
- 1 çay kaşığı toz kırmızı biber
- adobo soslu 2 chipotle biber
- 3 diş sarımsak
- ½ jalapeno biberi, dilimlenmiş
- ½ dolmalık biber, doğranmış
- ½ soğan, doğranmış
- 1 çay kaşığı tuz

1. Instant Pot'a domates hariç tüm malzemeleri ekleyin ve iyice karıştırın.

2. Üzerine domatesleri ekleyin. Tencereyi bir kapakla kapatın ve 10 dakika yüksekte pişirin.

3. Basıncın 10 dakika doğal olarak serbest kalmasına izin verin, ardından hızlı bırakma yöntemini kullanarak serbest bırakın.

4. Sosu bir blender ile karıştırın ve saklayın.

Porsiyon başına besin değerleri:

Kalori: 20; Karbonhidratlar: 4.2 gr; Protein: 0.7g; Yağ: 0.1g; Şeker: 1.9g; Sodyum: 408 mg

köri domates sosu

Yemekler: 8

Pişirme süresi: 13 dakika

Malzemeler:

- 28 ons konserve domates, ezilmiş
- ½ su bardağı hindistan cevizi sütü
- ½ çay kaşığı karabiber
- 1 yemek kaşığı taze kekik yaprağı
- ¼ çay kaşığı öğütülmüş tarçın
- ¼ çay kaşığı kırmızı biber
- ½ çay kaşığı zerdeçal
- ½ çay kaşığı garam masala
- 1 yemek kaşığı öğütülmüş zencefil
- 3 diş sarımsak
- ½ soğan, doğranmış
- 1 çay kaşığı deniz tuzu

1. Tüm malzemeleri Instant Pot'a ekleyin ve iyice karıştırın.
2. Tencereyi bir kapakla kapatın ve 10 dakika yüksekte pişirin.
3. Hızlı bırakma yöntemini kullanarak basıncı boşaltın ve ardından kapağı açın.
4. Sosu pürüzsüz olana kadar bir blender ile karıştırın.
5. Sosu bir kaba aktarın ve saklayın.

Porsiyon başına besin değerleri:

Kalori: 58; Karbonhidratlar: 7.4 gr; Protein: 1,5 gr; Yağ: 3.1g; Şeker: 3.7g; Sodyum: 448 mg

Et fesleğen sosu

Yemekler: 5

Pişirme süresi: 15 dakika

Malzemeler:

- 1 yemek kaşığı parmesan peyniri
- ¼ çay kaşığı kuru kekik
- ¼ çay kaşığı karabiber
- 1 yemek kaşığı zeytinyağı
- 1 diş sarımsak, ezilmiş
- ½ su bardağı taze fesleğen
- ½ fincan beyaz peynir, ufalanmış
- 1 su bardağı krem peynir
- ½ çay kaşığı tuz

talimatlar:

1. Tüm malzemeleri ısıya dayanıklı bir kaba ekleyin ve iyice karıştırın.
2. Instant Pot'a ½ bardak su dökün, ardından tabanı tencereye yerleştirin.
3. Kaseyi standın üzerine yerleştirin. Tencereyi bir kapakla kapatın ve manuel modda 10 dakika pişirin.
4. Hızlı bırakma yöntemini kullanarak basıncı boşaltın ve ardından kapağı açın.
5. Kaseyi tencereden çıkarın ve tamamen soğuması için bir kenara koyun.
6. Bir saat buzdolabına koyun. Soğutulmuş hizmet.

Porsiyon başına besin değerleri:

Kalori: 232; Karbonhidratlar: 2,2 gr; Protein: 6.1 gr; Yağ: 22,5 gr; Şeker: 0.7g; Sodyum: 555 mg

Keçi peynirli domates sosu

Yemekler: 4

Pişirme süresi: 3 saat

Malzemeler:

- 1 su bardağı keçi peyniri, ufalanmış
- ¼ çay kaşığı toz biber
- 1 çay kaşığı kuru biberiye
- ¼ fincan elma sirkesi
- 3 yemek kaşığı zeytinyağı
- 3 diş sarımsak, ezilmiş
- 1 soğan, doğranmış
- ½ fincan mozzarella peyniri, rendelenmiş
- 1 su bardağı doğranmış domates

1. Tüm malzemeleri Instant Pot'a ekleyin ve birleştirmek için iyice karıştırın.

2. Tencereyi bir kapakla kapatın ve yavaş pişirme modunda 3 saat pişirin.

3. Hızlı bırakma yöntemini kullanarak basıncı boşaltın ve ardından kapağı açın.

4. Tamamen soğumaya bırakın, sonra servis yapın.

Porsiyon başına besin değerleri:

Kalori: 207; Karbonhidratlar: 6.6 gr; Protein: 6.9g; Yağ: 18.3g; Şeker: 2,4 gr; Sodyum: 162 mg

Marinara sosu

Yemekler: 8

Pişirme süresi: 17 dakika

Malzemeler:

- ¼ bardak su
- ¼ çay kaşığı kırmızı biber
- ½ çay kaşığı kekik
- ½ çay kaşığı kekik
- 3 yemek kaşığı taze fesleğen
- 1 havuç, soyulmuş ve rendelenmiş
- 1 ¼ lb domates, ezilmiş
- 3 diş sarımsak, doğranmış
- 1 soğan, doğranmış
- 1 yemek kaşığı zeytinyağı
- Biber
- Tuz

talimatlar:

1. Instant Pot'a yağ ekleyin ve tencereyi kaynamaya ayarlayın.

2. Sarımsak ve soğanı ekleyip 2 dakika kavurun.

3. Kalan malzemeleri ekleyin ve iyice karıştırın.

4. Tencereyi bir kapakla kapatın ve 30 dakika yüksekte pişirin.

5. Hızlı bırakma yöntemini kullanarak basıncı boşaltın ve ardından kapağı açın.

6. Sosu bir karıştırıcı ile karıştırın.

7. Tamamen soğumaya bırakın, ardından bir kapta saklayın.

Porsiyon başına besin değerleri:

Kalori: 39; Karbonhidratlar: 5.3 gr; Protein: 1 gr; Yağ: 1.9g; Şeker: 2.8g; Sodyum: 29 mg

soğan elma sosu

Yemekler: 8

Pişirme süresi: 55 dakika

Malzemeler:

- 1 soğan, doğranmış
- 2 elma, dilimlenmiş
- ¼ çay kaşığı sıvı stevia
- ¼ bardak taze kişniş, doğranmış
- 1 su bardağı sebze suyu
- 2 yemek kaşığı tereyağı
- ¼ fincan elma sirkesi
- ½ çay kaşığı tuz

1. Instant Pot'a tereyağı ekleyin ve tencereyi kaynamaya ayarlayın.

2. Tencereye soğan ve elmayı ekleyip 10 dakika kavurun.

3. Stevia, elma sirkesi ve tuzu ekleyin. İyice karıştırın.

4. Et suyu ve kişniş ekleyin. Tencereyi bir kapakla kapatın ve manuel modda 35 dakika pişirin.

5. Basıncın 10 dakika doğal olarak serbest kalmasına izin verin, ardından hızlı bırakma yöntemini kullanarak serbest bırakın.

6. Bir blender kullanarak sosu pürüzsüz olana kadar püre haline getirin.

Porsiyon başına besin değerleri:

Kalori: 66; Karbonhidratlar: 9g; Protein: 1 gr; Yağ: 3.2g; Şeker: 6.5 gr; Sodyum: 265 mg

Makarna sosu

Yemekler: 12

Pişirme süresi: 33 dakika

Malzemeler:

- 8 su bardağı doğranmış domates
- 1 çay kaşığı şeker
- 1 çay kaşığı biber
- 1 ½ yemek kaşığı İtalyan baharatı
- 4 diş sarımsak, doğranmış
- 1 soğan, doğranmış
- 3 su bardağı su
- 2 yemek kaşığı zeytinyağı
- 1 çay kaşığı tuz

talimatlar:

- Instant Pot'a yağ ekleyin ve tencereyi kaynamaya ayarlayın.

- Sarımsak ve soğanı ekleyip 2-3 dakika kavurun.

- Kalan malzemeleri ekleyin ve iyice karıştırın. Tencereyi bir kapakla kapatın ve 30 dakika yüksekte pişirin.

- Hızlı bırakma yöntemini kullanarak basıncı boşaltın ve ardından kapağı açın.

- Sosu bir blender ile püre haline getirin.

- Makarna üzerinde servis yapın ve tadını çıkarın.

Porsiyon başına besin değerleri:

Kalori: 54; Karbonhidratlar: 6.5 gr; Protein: 1,3 gr; Yağ: 3.1g; Şeker: 4 gr; Sodyum: 203 mg

Yeşil acı sos

Porsiyon: 8

Hazırlama süresi: 5 dakika

Pişirme süresi: 02 dakika

Malzemeler

- 16 veya yeşil biber
- 8 diş sarımsak, soyulmuş ve ezilmiş
- 1 yeşil biber, doğranmış
- 1 su bardağı beyaz sirke
- ¼ fincan elma sirkesi
- ½ su bardağı su
- 1 yemek kaşığı deniz tuzu

Talimatlar

1. 1. Tüm malzemeleri hazır tencereye koyun.
2. Kapağı sabitleyin ve basınç tahliye kolunu "kapalı" konuma çevirin.
3. 'Manuel' işlevini seçin. Yüksek basınca ayarlayın ve zamanlayıcıyı 2 dakikaya ayarlayın.
4. 'Quick Release' buhar bip sesinden sonra kapağı çıkarın.
5. Sosu bir karıştırıcıya aktarın ve pürüzsüz olana kadar iyice karıştırın.

6. Hemen kullanın veya daha sonra kullanmak üzere bir şişede saklayın.

Porsiyon başına besin değerleri:

Kalori: 34

Karbonhidratlar: 6.2 gr

Protein: 0.3g

Yağ: 0.1g

Şeker: 2.8 gr

Sodyum: 932 mg

Mantar sosu

Porsiyon: 3

Hazırlama süresi: 5 dakika

Pişirme süresi: 08 dakika

Malzemeler

- 1 yemek kaşığı tereyağı
- 2½ su bardağı portabella mantarı, dilimlenmiş
- 1 dal taze kekik
- 1 diş sarımsak, ezilmiş
- ½ su bardağı krema
- ½ su bardağı süt
- 3 çay kaşığı mısır nişastası
- 1 yemek kaşığı limon suyu
- Tatmak için biber ve tuz
- ½ su bardağı su
- 1 yemek kaşığı kıyılmış maydanoz

Talimatlar

1. Instant Pot'ta 'kaynatma' işlevini seçin ve tereyağını ısıtın.
2. Isıtılmış tereyağına sarımsak, mantar ve kekiği ekleyin. 5 dakika karıştırarak kavurun.
3. Mantarlara tuz, karabiber, krema ve su ekleyin.

4. Kapağı sabitleyin ve basınç tahliye kolunu "kapalı" konuma çevirin.

5. "Manuel" işlevini seçin, yüksek basınca ayarlayın ve zamanlayıcıyı 3 dakikaya ayarlayın.

6. Bip sesinden sonra buharı 'hızlı bırakın' ve kapağı çıkarın.

7. Yarım su bardağı süt ile mısır nişastasını karıştırarak karışımı hazırlayın. Bu lapayı mantar sosuna ekleyin.

8. Maydanoz ve limon suyunu katıp servis yapın.

Porsiyon başına besin değerleri:

Kalori: 69

Karbonhidratlar: 5.3 gr

Protein: 1.8g

Yağ: 4.9 gr

şeker: 2g

Sodyum: 27 mg

Sarımsaklı sos

Hizmet: 2

Hazırlama süresi: 5 dakika

Pişirme süresi: 03 dakika

Malzemeler

- 1 su bardağı su (aşağıdaki talimatlarda açıklandığı şekilde bölünmüştür.
- 4 yemek kaşığı kıyılmış sarımsak
- 2 çay kaşığı sarımsak tozu
- 4 bardak ağır krema
- 2 yemek kaşığı kıyılmış taze maydanoz
- Tatmak için biber ve tuz
- 4 yemek kaşığı mısır nişastası

Talimatlar

1. Hazır tencereye suyun yarısını, sarımsağı, sarımsak tozunu, kremayı, tuzu ve karabiberi ekleyin.
2. Kapağı sabitleyin ve basınç tahliye kolunu "kapalı" konuma çevirin.
3. "Manuel" işlevini seçin, yüksek basınca ayarlayın ve zamanlayıcıyı 3 dakikaya ayarlayın.
4. Bip sesinden sonra buharı 'hızlı bırakın' ve kapağı çıkarın.

5. Mısır nişastasını kalan suyla karıştırın. Bu püreyi sarımsak sosuna ekleyin.

6. Maydanozu katıp servis yapın.

Porsiyon başına besin değerleri:

Kalori: 231

Karbonhidratlar: 7.3 gr

Protein: 1.7g

Yağ: 22.2g

şeker: 0.3 gr

Sodyum: 25 mg

Özel barbekü sosu

porsiyon: 5

Hazırlama süresi: 10 dakika

Pişirme süresi: 05 dakika

Malzemeler

- 8 ons Heinz ketçap
- 1 bardak su
- 2½ yemek kaşığı esmer şeker
- 2½ yemek kaşığı beyaz şeker
- ¼ çay kaşığı karabiber, taze çekilmiş
- ¼ yemek kaşığı soğan tozu
- ¼ çay kaşığı kuru hardal tozu
- ½ ons limon suyu
- ½ ons Worcestershire sosu
- 2 ons elma sirkesi
- ½ ons hafif mısır şurubu
- ½ yemek kaşığı ovmak

Talimatlar

1. Tüm malzemeleri Instant Pot'a koyun.

2. Kapağı sabitleyin ve basınç tahliye kolunu "kapalı" konuma çevirin.

3. "Manuel" işlevini seçin, yüksek basınca ayarlayın ve süreyi 5 dakikaya ayarlayın.

4. Bip sesinden sonra 10 dakika buharın çıkmasına izin verin ve kapağı çıkarın.

5. Hemen kullanın veya daha sonra kullanmak üzere bir şişede saklayın.

Porsiyon başına besin değerleri:

Kalori: 85

Karbonhidratlar: 21.1 gr

Protein: 0.5g

Yağ: 0.2g

Şeker: 18.6g

Sodyum: 475 mg

karpuz barbekü sosu

Porsiyon: 8

Hazırlama süresi: 15 dakika

Pişirme süresi: 20 dakika

Malzemeler

- 2 su bardağı karpuz
- 2 su bardağı koyu mısır şurubu
- ½ su bardağı karpuz suyu
- ½ su bardağı Heinz ketçap
- ½ su bardağı damıtılmış sirke
- ½ çay kaşığı öğütülmüş kırmızı biber gevreği
- 1 çay kaşığı sıvı duman
- ½ çay kaşığı taze çekilmiş karabiber

Talimatlar

1. Karpuzun doğranmış kırmızı kısmını mutfak robotuna koyun ve karıştırın.

2. Karpuz etini sudan boşaltın. Daha sonra kullanmak üzere saklayın.

3. 1 su bardağı karpuz püresi dahil tüm malzemeleri bir Instant Pot'a koyun.

4. Kapağı sabitleyin ve basınç tahliye kolunu "kapalı" konuma çevirin.

5. "Manuel" işlevini seçin, yüksek basınca ayarlayın ve zamanlayıcıyı 20 dakikaya ayarlayın.

6. Bip sesinden sonra 10 dakika buharın çıkmasına izin verin ve kapağı çıkarın.

7. 5 dakika kaynamaya bırakın.

8. Hemen kullanın veya daha sonra kullanmak üzere bir kavanozda saklayın.

Porsiyon başına besin değerleri:

Kalori: 244

Karbonhidratlar: 64.9 gr

Protein: 0.3g

Yağ: 0.1g

Şeker: 25.6 gr

Sodyum: 170 mg

Bolonez pastırma sosu

Porsiyon: 6

Hazırlama süresi: 5 dakika

Pişirme süresi: 45 dakika

Malzemeler

- ½ büyük soğan, ince kıyılmış
- 1 havuç, ince doğranmış
- 1½ sap kereviz, ince kıyılmış
- 1½ diş sarımsak, kıyılmış veya preslenmiş
- ½ yemek kaşığı zeytinyağı
- ½ (6 oz.) domates salçası
- 1 lb kıyma
- ½ su bardağı doğranmış domuz pastırması
- ½ kaşık tuz
- ½ çay kaşığı karabiber
- ¾ çay kaşığı kuru kekik
- 1 çay kaşığı kurutulmuş kekik
- 1 (28 oz. ezilmiş domates konservesi)
- 1 su bardağı tam yağlı süt
- 1 bardak kuru kırmızı şarap
- Servis için makarna

Talimatlar

1. Hazır tencereye yağı dökün ve 'kaynatma' işlevini seçin.

2. Tüm sebzeleri yağa ekleyin ve 10 dakika karıştırarak kızartın.

3. Domates salçasını ve tüm baharatları ekleyip karıştırın. Sosu karıştırmak için bir daldırma blender kullanın.

4. Şimdi kalan tüm malzemeleri hazır tencereye koyun.

5. Kapağı sabitleyin ve basınç tahliye kolunu "kapalı" konuma çevirin.

6. 'Et yahnisi' işlevini seçin ve zamanlayıcıyı 35 dakikaya ayarlayın.

7. Bip sesinden sonra buharı 'hızlı bırakın' ve kapağı çıkarın.

8. İyice karıştırın ve makarna ile servis yapın.

Porsiyon başına besin değerleri:

Kalori: 322

Karbonhidratlar: 25.8 gr

Protein: 29.7g

Yağ: 7.9 gr

Şeker: 16.3 gr

Sodyum: 978 mg

kaju sosu

Porsiyon: 4

Hazırlama süresi: 10 dakika

Pişirme süresi: 05 dakika

Malzemeler

- 1 bardak su
- ¼ beyaz soğan, soyulmuş ve dörde bölünmüş
- 1 diş sarımsak, soyulmuş
- ½ su bardağı havuç, soyulmuş ve dilimlenmiş
- ¾ su bardağı Yukon Gold patates, soyulmuş ve doğranmış
- ¼ su bardağı çiğ kaju fıstığı
- ¼ bardak besleyici maya
- 1 yemek kaşığı yumuşak beyaz miso
- ½ çay kaşığı füme veya tatlı kırmızı biber
- 1 yemek kaşığı limon suyu
- 1 yemek kaşığı elma sirkesi
- 1 çay kaşığı deniz tuzu

Talimatlar

1. Tüm malzemeleri Instant Pot'a ekleyin.
2. Kapağı sabitleyin ve basınç tahliye kolunu "kapalı" konuma çevirin.

3. 'Manuel' işlevini seçin, yüksek basınca ayarlayın ve zamanlayıcıyı 5 dakikaya ayarlayın.

4. 'Quick Release' buhar bip sesinden sonra kapağı çıkarın.

5. Sosu bir karıştırıcıya aktarın ve pürüzsüz olana kadar iyice karıştırın.

6. Hemen kullanın veya daha sonra kullanmak üzere bir şişede saklayın.

Porsiyon başına besin değerleri:

Kalori: 103

Karbonhidratlar: 13.4 gr

Protein: 5.5g

Yağ: 3.7g

şeker: 1.4 gr

Sodyum: 501 mg

çilek sosu

porsiyon: 5

Hazırlama süresi: 02 dakika

Pişirme süresi: 08 dakika

Malzemeler

- 8 veya taze çilekler
- 2 yemek kaşığı çiğ bal
- ½ su bardağı saf sıkılmış portakal suyu
- ½ çay kaşığı tarçın veya 2 çubuk tarçın
- 1 yemek kaşığı stevia

Talimatlar

1. Tüm malzemeleri Instant Pot'a koyun.
2. Kapağı sabitleyin ve basınç tahliye kolunu "kapalı" konuma çevirin.
3. 'Manuel' işlevini seçin, yüksek basınca ayarlayın ve zamanlayıcıyı 8 dakikaya ayarlayın.
4. 'Quick Release' buhar bip sesinden sonra kapağı çıkarın.
5. Sosu püre haline getirmek için bir daldırma blender kullanın.
6. Soğuyunca servis edin veya daha sonra kullanmak üzere bir şişede saklayın.

Porsiyon başına besin değerleri:

Kalori: 63

Karbonhidratlar: 15.6 gr

Protein: 0.5g

Yağ: 0.1g

Şeker: 13.9g

Sodyum: 4 mg

Kızılcık sosu

porsiyon: 5

Hazırlama süresi: 2 dakika

Pişirme süresi: 08 dakika

Malzemeler

- 8 veya taze kızılcık
- 2 yemek kaşığı çiğ bal
- ½ su bardağı saf sıkılmış portakal suyu
- ½ çay kaşığı tarçın veya 2 çubuk tarçın
- 1 yemek kaşığı stevia

Talimatlar

1. Tüm malzemeleri Instant Pot'a ekleyin.
2. Kapağı sabitleyin ve basınç tahliye kolunu kapalı konuma çevirin.
3. "Manuel" işlevini seçin, yüksek basınca ayarlayın ve zamanlayıcıyı 8 dakikaya ayarlayın.
4. Bip sesi çıkardığında, buharı "hızlı bırakın" ve kapağı çıkarın.
5. Soğuyunca servis edin veya daha sonra kullanmak üzere bir şişede saklayın.

Porsiyon başına besin değerleri:

Kalori: 62

Karbonhidratlar: 13.7 gr

Protein: 0.1g

Yağ: 0g

şeker: 11g

Sodyum: 2 mg

kavrulmuş domates sosu

Porsiyon: 4

Hazırlama süresi: 10 dakika

Pişirme süresi: 10 dakika

Malzemeler

- 1 kırmızı soğan, doğranmış
- 1 yeşil biber, doğranmış
- 1 jalapeño biber, dilimlenmiş
- 8 diş sarımsak
- adobo soslu 4 chipotle biber
- 2 çay kaşığı kimyon tozu
- 4 çay kaşığı Meksika kırmızı biber tozu
- 4 çay kaşığı tuz
- 1 bardak su
- 28 veya konserve, ateşte kavrulmuş, doğranmış domates

Talimatlar

1. Tüm malzemeleri Instant Pot'a ekleyin.
2. Kapağı sabitleyin ve basınç tahliye kolunu "kapalı" konuma çevirin.
3. "Manuel" işlevini seçin, yüksek basınca ayarlayın ve zamanlayıcıyı 10 dakikaya ayarlayın.

4. Bip sesinden sonra buharı 'hızlı bırakın' ve kapağı çıkarın.

5. Sosu bir karıştırıcıya aktarın ve pürüzsüz olana kadar iyice karıştırın

6. Hemen kullanın veya daha sonra kullanmak üzere bir şişede saklayın.

Porsiyon başına besin değerleri:

Kalori: 96

Karbonhidratlar: 18.4 gr

Protein: 3.9g

Yağ: 1.4g

şeker: 7.9 gr

Sodyum: 2109 mg

domates fesleğen sosu

Porsiyon: 8

Hazırlama süresi: 5 dakika

Pişirme süresi: 15 dakika

Malzemeler

- 4 yemek kaşığı zeytinyağı
- ½ diş sarımsak, kıyılmış
- 2 soğan, doğranmış
- 8 lbs roma domates, doğranmış
- 2 yemek kaşığı tuz
- 1 yemek kaşığı biber
- 1 yemek kaşığı sarımsak tozu
- 3 yemek kaşığı İtalyan baharatı
- ½ çay kaşığı öğütülmüş kırmızı biber
- 2 defne yaprağı
- 1 su bardağı kıyılmış taze fesleğen

Talimatlar

1. Instant Pot'a yağ ekleyin ve 'kaynatma' işlevini seçin.
2. Yağa sarımsak ve soğan ekleyin ve karıştırarak 5 dakika kızartın.
3. Şimdi fesleğen hariç kalan tüm malzemeleri Instant Pot'a ekleyin.

4. Kapağı sabitleyin ve basınç tahliye kolunu "kapalı" konuma çevirin.

5. 'Manuel' işlevini seçin, yüksek basınca ayarlayın ve zamanlayıcıyı 10 dakikaya ayarlayın.

6. 'Quick Release' buhar bip sesinden sonra kapağı çıkarın.

7. İyice karıştırın, defne yaprağını çıkarın ve sosa fesleğen ekleyin.

8. Sert.

Porsiyon başına besin değerleri:

Kalori: 197

Karbonhidratlar: 25.2 gr

Protein: 0.7g

Yağ: 8.7g

Şeker: 15,5 gr

Sodyum: 2133 mg

patlıcan bolonez sosu

- Porsiyon: 6
- Hazırlama süresi: 10 dakika
- Pişirme süresi: 35 dakika

Malzemeler

- ½ büyük soğan, ince kıyılmış
- 1 havuç, ince doğranmış
- 1½ sap kereviz, ince kıyılmış
- 1½ diş sarımsak, kıyılmış veya preslenmiş
- ½ yemek kaşığı zeytinyağı
- ½ (6 oz.) domates salçası
- 1 lb kıyma
- 1 patlıcan, doğranmış
- ½ kaşık tuz
- ½ çay kaşığı karabiber
- ¾ çay kaşığı kuru kekik
- 1 çay kaşığı kurutulmuş kekik
- 1 28 veya hafif ezilmiş domates
- 1 su bardağı tam yağlı süt
- 1 bardak kuru kırmızı şarap
- Servis için makarna

1. Anında tencereye yağ dökün. 'Sönümleme' işlevini seçin.
2. Tüm sebzeleri yağa koyun ve 10 dakika karıştırarak kızartın.
3. Domates salçasını ve tüm baharatları ekleyip karıştırın. Sosu karıştırmak için bir daldırma blender kullanın.
4. Şimdi kalan tüm malzemeleri hazır tencereye koyun.
5. Kapağı sabitleyin ve basınç tahliye kolunu "kapalı" konuma çevirin.
6. "Manuel" işlevini seçin, yüksek basınca ayarlayın ve zamanlayıcıyı 35 dakikaya ayarlayın.
7. Bip sesinden sonra buharı 'hızlı bırakın' ve kapağı çıkarın.
8. İyice karıştırın ve makarna ile servis yapın.

Porsiyon başına besin değerleri:

Kalori: 259

Karbonhidratlar: 14.7 gr

Protein: 26.5g

Yağ: 7.5g

Şeker: 8.8 gr

Sodyum: 716 mg

Pancar Domates Sosu

Porsiyon: 4

Hazırlama süresi: 10 dakika

Pişirme süresi: 10 dakika

Malzemeler

- 1 yemek kaşığı zeytinyağı
- ½ büyük soğan, doğranmış
- 2½ kaburga kereviz, doğranmış
- 4 havuç, küp şeklinde kesilmiş
- 4 diş sarımsak, doğranmış
- ½ fincan Balkabagi, soyulmuş ve doğranmış
- 2 pancar, soyulmuş ve doğranmış
- 2 yemek kaşığı taze limon suyu
- ½ su bardağı et suyu
- 1 defne yaprağı
- ½ küçük demet taze fesleğen, kabaca doğranmış
- ¼ çay kaşığı deniz tuzu

Talimatlar

1. Instant Pot'a yağ ekleyin. 'Sönümleme' işlevini seçin.
2. Tüm sebzeleri yağa koyun ve 5 dakika karıştırarak kızartın.
3. Kalan tüm malzemeleri karıştırın.

4. Kapağı sabitleyin ve basınç tahliye kolunu "Mühürlü" konuma çevirin.

5. 'Manuel' işlevini seçin, yüksek basınca ayarlayın ve zamanlayıcıyı 10 dakikaya ayarlayın.

6. Bip sesi çıkardığında, buharı "hızlı bırakın" ve kapağı çıkarın.

7. Defne yaprağını çıkarın, ardından sosu bir karıştırıcıya aktarın ve pürüzsüz olana kadar karıştırın.

8. Hemen kullanın veya daha sonra kullanmak üzere bir şişede saklayın.

Porsiyon başına besin değerleri:

Kalori: 108

Karbonhidratlar: 16.9 gr

Protein: 2.8g

Yağ: 3.9g

Şeker: 8.8 gr

Sodyum: 316 mg

mercimek bolonez sosu

Porsiyon: 6

Hazırlama süresi: 15 dakika

Pişirme süresi: 20 dakika

Malzemeler

- ½ büyük soğan, ince kıyılmış
- 1 havuç, ince doğranmış
- 1½ sap kereviz, ince kıyılmış
- 1½ diş sarımsak, kıyılmış veya preslenmiş
- ½ yemek kaşığı zeytinyağı
- ½ kutu domates salçası (6 oz
- ½ su bardağı ıslatılmış, yıkanmış ve süzülmüş mercimek
- ½ kaşık tuz
- ½ çay kaşığı karabiber
- ¾ çay kaşığı kuru kekik
- 1 çay kaşığı kurutulmuş kekik
- 1 kutu ezilmiş domates (28 ons)
- 1 su bardağı tam yağlı süt
- 1 bardak kuru kırmızı şarap
- Servis için makarna

Talimatlar

1. Hazır tencereye yağı dökün ve 'kaynatma' işlevini seçin.

2. Tüm sebzeleri yağa koyun ve 10 dakika karıştırarak kızartın.

3. Domates salçasını ve tüm baharatları ekleyip karıştırın. Sosu karıştırmak için bir daldırma blender kullanın.

4. Şimdi kalan tüm malzemeleri hazır tencereye koyun.

5. Kapağı sabitleyin ve basınç tahliye kolunu "kapalı" konuma çevirin.

6. "Manuel" işlevini seçin, yüksek basınca ayarlayın ve zamanlayıcıyı 20 dakikaya ayarlayın.

7. Bip sesinden sonra buharı 'hızlı bırakın' ve kapağı çıkarın.

8. İyice karıştırın ve makarna ile servis yapın.

Porsiyon başına besin değerleri:

Kalori: 156

Karbonhidratlar: 19.8 gr

Protein: 6.9g

Yağ: 2.8g

Şeker: 6.8g

Sodyum: 666 mg

elma tarçın sosu

Porsiyon: 6

Hazırlama süresi: 10 dakika

Pişirme süresi: 07 dakika

Malzemeler

- 1 lb Fuji elması, soyulmamış, dörde bölünmüş
- 1 lb. Altın Lezzetli elma, soyulmamış, dörde bölünmüş
- ½ lb Granny Smith elma, soyulmamış, dörde bölünmüş
- ½ bardak soğuk su
- 1 çay kaşığı saf vanilya özü veya vanilya çekirdeği ezmesi
- ½ yemek kaşığı toz tarçın
- ⅛ çay kaşığı öğütülmüş kakule
- 1 büyük tutam koşer tuzu

Talimatlar

1. Tüm malzemeleri Instant Pot'a koyun.
2. Kapağı sabitleyin ve basınç tahliye kolunu "kapalı" konuma çevirin.
3. "Manuel" işlevini seçin, yüksek basınca ayarlayın ve zamanlayıcıyı 7 dakikaya ayarlayın.
4. Bip sesinden sonra, "buharın doğal olarak çıkmasına izin verin" ve kapağı çıkarın.

5. Sosu bir karıştırıcıya aktarın ve pürüzsüz olana kadar iyice karıştırın.

6. Hemen kullanın veya daha sonra kullanmak üzere bir şişede saklayın.

Porsiyon başına besin değerleri:

Kalori: 98

Karbonhidratlar: 26.2 gr

Protein: 0.3g

Yağ: 0.2g

şeker: 20g

Sodyum: 99 mg

Baharatlı Hint sosu

Porsiyon: 3

Hazırlama süresi: 10 dakika

Pişirme süresi: 25 dakika

Malzemeler

- 1 yemek kaşığı zeytinyağı
- 1½ büyük soğan, ince doğranmış
- 1½ diş sarımsak, ince kıyılmış
- ½ inç düğme taze zencefil, soyulmuş ve rendelenmiş
- tatmak için deniz tuzu
- ½ yemek kaşığı öğütülmüş kişniş
- ½ yemek kaşığı öğütülmüş kimyon
- ¼ çay kaşığı acı biber
- ½ çay kaşığı öğütülmüş zerdeçal
- ½ yemek kaşığı tatlı kırmızı biber
- ½ (28 oz.) konserve bütün domates

½ su bardağı su

Talimatlar

1. Hazır tencereye yağı ve ardından soğanı, sarımsağı ve zencefili ekleyin ve 'kaynatma' işlevini seçin ve 5 dakika karıştırarak kızartın.

2. Tüm sebzeleri tencereye ekleyin ve 5 dakika daha karıştırarak kızartın.

3. Kalan tüm malzemeleri Instant Pot'a ekleyin.

4. Kapağı sabitleyin ve basınç tahliye kolunu "kapalı" konuma çevirin.

5. "Manuel" işlevini seçin, yüksek basınca ayarlayın ve zamanlayıcıyı 15 dakikaya ayarlayın.

6. Bip sesinden sonra buharı 'hızlı bırakın' ve kapağı çıkarın.

7. İyice karıştırın ve servis yapın.

Porsiyon başına besin değerleri:

Kalori: 83

Karbonhidratlar: 9.8 gr

Protein: 1.6g

Yağ: 3.9g

Şeker: 2,5 gr

Sodyum: 181 mg

Hazır Marinara Sosu

porsiyon: 5

Hazırlama süresi: 10 dakika

Pişirme süresi: 16 dakika

Malzemeler

- 4 yemek kaşığı zeytinyağı
- 2 küçük soğan, doğranmış
- 2 diş sarımsak, doğranmış
- 2 havuç, doğranmış
- 4 kutu doğranmış domates
- 3 çay kaşığı kuru fesleğen
- 3 çay kaşığı kurutulmuş kekik
- 1½ çay kaşığı deniz tuzu
- Tatmak için taze çekilmiş karabiber
- 2 yemek kaşığı tereyağı, tuzsuz
- Taze maydanoz, kıyılmış

Talimatlar

1. Instant Pot'a yağ ekleyin ve 'kaynatma' işlevini seçin.
2. Tüm sebzeleri yağa koyun ve 5 dakika karıştırarak kızartın.
3. Şimdi tereyağı ve karabiber hariç kalan tüm malzemeleri Instant Pot'a koyun.

4. Kapağı sabitleyin ve basınç tahliye kolunu "kapalı" konuma çevirin.

5. "Manuel" işlevini seçin, yüksek basınca ayarlayın ve zamanlayıcıyı 10 dakikaya ayarlayın.

6. Bip sesinden sonra buharı 'hızlı bırakın' ve kapağı çıkarın.

7. Bir daldırma blenderi kullanarak sosu pürüzsüz bir macun haline getirin.

8. Tereyağını ve karabiberi ekleyip 1 dakika "kaynatma" fonksiyonunda pişirin.

9. İyice karıştırın ve servis yapın.

Porsiyon başına besin değerleri:

Kalori: 148

Karbonhidratlar: 6.1 gr

Protein: 0.9g

Yağ: 13.3g

Şeker: 3.1 gr

Patates ve karides salatası

Hazırlama süresi: 10 dakika

Pişirme süresi: 16 dakika

Yemekler: 4

Malzemeler:

- 1 kiloluk genç kırmızı patates, soyulmuş ve ikiye bölünmüş
- 1 kırmızı soğan, doğranmış
- 1 kiloluk karides, soyulmuş ve kabuğu çıkarılmış
- 1 yemek kaşığı zeytinyağı
- 1 çay kaşığı acı biber
- 1 yemek kaşığı kıyılmış fesleğen
- Bir tutam tuz ve karabiber
- 1 yemek kaşığı kişniş, kıyılmış
- 1 su bardağı sebze suyu
- 1 çay kaşığı limon suyu

- Hazır tencereyi Simmer moduna getirin, yağ ekleyin, ısıtın, soğanı ekleyin ve 2 dakika kızartın.

- Patatesleri ve karides ve frenk soğanı hariç kalan malzemeleri ekleyin, üzerini kapatın ve 10 dakika yüksekte pişirin.

- Basıncı 10 dakika doğal olarak bırakın, tencereyi "Simmer" moduna getirin, frenk soğanı ve karidesleri ekleyin, 4 dakika daha pişirin, küçük kaselere bölün ve meze olarak soğuk servis yapın.

Porsiyon başına besin değerleri: Kalori 201, Yağ 9, Lif 4, Karbonhidrat 7, Protein 10

Enginar peyniri yayıldı

Hazırlama süresi: 10 dakika

Pişirme süresi: 8 dakika

Yemekler: 8

Malzemeler:

- 20 ons konserve enginar kalbi, süzülmüş
- 8 ons krem peynir, yumuşak
- 14 ons çedar peyniri, rendelenmiş
- ½ su bardağı tavuk suyu
- ½ su bardağı hindistan cevizi kreması
- Bir tutam tuz ve karabiber
- 3 diş sarımsak, doğranmış
- 1 çay kaşığı pul biber

talimatlar:

Hazır bir tencerede enginarları et suyu, sarımsak, kırmızı toz biber, tuz ve karabiberle birleştirin, üzerini kapatın ve 8 dakika yüksekte pişirin.

Basıncı 10 dakika doğal olarak bırakın, karışımı mutfak robotuna aktarın, kalan malzemeleri ekleyin, iyice karıştırın, kaselere bölün ve servis yapın.

Porsiyon başına besin değerleri: Kalori 200, Yağ 8, Lif 2, Karbonhidrat 6, Protein 8

Vegan hindistan cevizli risotto pudingi

Yemekler: 6

Pişirme süresi: 30 dakika

Malzemeler:

- ¾ su bardağı Arborio pirinci
- ¼ bardak akçaağaç şurubu
- 1 ½ su bardağı su
- ½ su bardağı kıyılmış hindistan cevizi
- 1 çay kaşığı limon suyu
- ½ çay kaşığı vanilya
- 15 ons hafif hindistan cevizi sütü

talimatlar:

1. Tüm malzemeleri Instant Pot'a ekleyin ve iyice karıştırın.
2. Kabı bir kapakla kapatın ve manuel modda 20 dakika pişirin.
3. Basıncın 10 dakika doğal olarak serbest kalmasına izin verin, ardından hızlı bırakma yöntemini kullanarak serbest bırakın.
4. İyice karıştırın ve pudingi pürüzsüz olana kadar bir karıştırıcı ile karıştırın.
5. Servis yapın ve tadını çıkarın.

Porsiyon başına besin değerleri:

Kalori: 284; Karbonhidratlar: 30.8 gr; Protein: 3.3 gr; Yağ: 17,5 gr; Şeker: 8.3g; Sodyum: 15 mg

Vanilyalı Avokadolu Puding

Yemekler: 2

Pişirme süresi: 3 dakika

Malzemeler:

- 1/2 avokado, doğranmış
- 1 çay kaşığı agar tozu
- 1/4 su bardağı hindistan cevizi kreması
- 1 bardak hindistan cevizi sütü
- 2 çay kaşığı sarın
- 1 çay kaşığı vanilya

talimatlar:

1. Hindistan cevizi kreması ve avokadoyu bir karıştırıcıya ekleyin ve pürüzsüz olana kadar karıştırın. Kenara koymak.

2. Büyük bir kapta hindistan cevizi sütü, vanilya, karışım ve agar tozunu birleştirin. İyice birleştirilene kadar karıştırın.

3. Hindistan cevizi kreması ve avokado karışımını ekleyin ve iyice karıştırın.

4. Karışımı ısıya dayanıklı bir kaba dökün.

5. Instant Pot'a bir bardak su dökün, ardından tabanı içine yerleştirin.

6. Kaseyi standın üzerine yerleştirin.

7. Tencereyi bir kapakla kapatın ve 3 dakika buharlayın.

8. Hızlı bırakma yöntemini kullanarak basıncı boşaltın ve ardından kapağı açın.

9. Kaseyi tencereden çıkarın ve tamamen soğuması için bir kenara koyun.

10. Kaseyi 1 saat buzdolabına koyun.

11. Servis yapın ve tadını çıkarın.

Porsiyon başına besin değerleri:

Kalori: 308; Karbonhidratlar: 27,9 gr; Protein: 2,1 gr; Yağ: 21.8g; Şeker: 19.6 gr; Sodyum: 32 mg